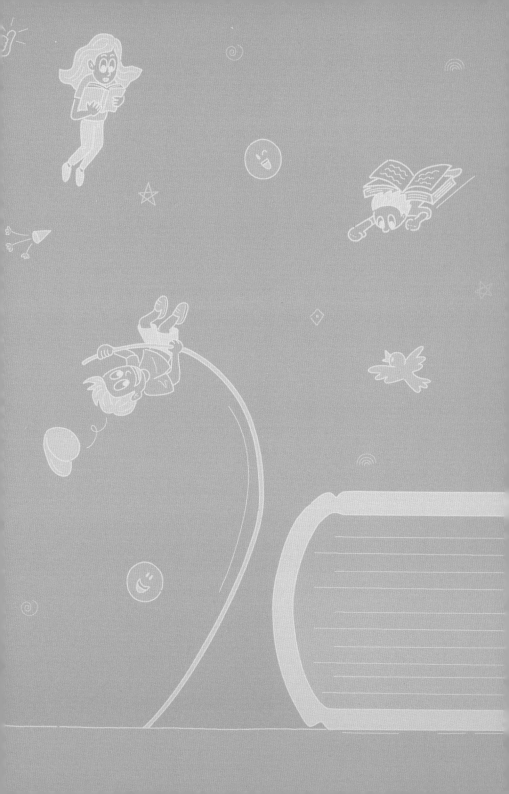

공부 잘하는 중학생은
이렇게 읽습니다

공부 잘하는 중학생은 이렇게 읽습니다

초판 1쇄 발행 2024년 6월 25일
초판 2쇄 발행 2024년 8월 30일

지은이 김원배
그린이 신병근
함께 그린이 선주리·방선영

펴낸이 홍석
이사 홍성우
인문편집부장 박월
편집 박주혜·조준태
디자인 신병근·조금상
마케팅 이송희·김민경
제작 홍보람
관리 최우리·정원경·조영행

펴낸곳 도서출판 풀빛
등록 1979년 3월 6일 제2021-000055호
주소 07547 서울시 강서구 양천로 583, 우림블루나인 A동 21층 2110호
전화 02-363-5995(영업), 02-364-0844(편집)
팩스 070-4275-0445
홈페이지 www.pulbit.co.kr
전자우편 inmun@pulbit.co.kr

ISBN 979-11-6172-931-2 43370

공부 잘하는 중학생은 이렇게 읽습니다

학생부 세특, 논술,
진로, 성적 관리까지
지금부터는 문해력과
독서 싸움이다!

 풀빛

김원배 글 | 신병근 그림

"왜 읽어야 해요?"라고 묻는 아이들

3월 '진로와 직업' 첫 수업 시간이면 항상 설레는 마음으로 아이들을 맞이하곤 합니다. 올해는 어떤 아이들이 이 교실에 들어설까 기대하는 마음이 크지요. 진로 수업은 음악실이나 과학실처럼 진로 교실이 따로 있어서 이곳으로 학생들이 찾아와서 수업을 듣습니다. 그런데 저의 마음과는 다르게 아이들의 얼굴엔 반가운 기색이라곤 별로 없더라고요. 새 학기 첫 수업이기도 하고, 교실에 아버지보다 훨씬 나이 많은 어른이 떡 버티고 서 있으니 아이들이 긴장하는 건 어쩌면 당연한지도 모릅니다.

'진로와 직업' 과목을 배우는 이유를 설명하면서 "혹시 책을 좋아하는 친구 있니?"라고 물어보았습니다. 그럼 대부분의 경우엔, 몇 명의 아이가 손을 들고서 최근에 읽은 책을 자랑하듯이 이야기하거든요. 그런데 요즘은 좀 다른 풍경이에요. 정말 신기하게도 매우 많은 학생의 얼굴이 불만스러운 표정이 되곤 하거든요.

"선생님, 저는 책이 정말 재미없어요."
"선생님, 저는 공부와 독서가 진짜 싫어요. 책이 없는 세상에서 살았으면 좋겠어요."

아이들은 정말 솔직합니다. 들어주는 사람이 마음을 열고 물어보면, 이렇게 자기 마음을 이야기하거든요. 초등학교 때부터 "공부해라", "책 읽어라" 하는 말에 얼마나 시달렸으면 중학교 수업 첫 시간부터 공부와 독서가 싫다고 말하나 싶어서 마음이 짠하더라고요. 한편으론 부모 같은 마음에 '중학교 1학년이면 이제 본격적인 공부가 시작될 나이인데 벌써부터 저런 반응이면 어쩌지?' 걱정도 되고 말이에요.

"A가 독서가 싫다고 말했는데, 여러분 중에 나도 정말 독서가 싫다 하는 친구들 있으면 손들어 볼래요?"

그랬더니 한 학급 17명 중에 13명이 손을 듭니다. 1학년 전체 인원이 67명인데 어림잡아 75퍼센트가 넘게 책 읽기에 부정적인 생각을 가지고 있는 거예요. 정말 충격이었습니다. 그동안의 독서 교육이 잘못되었구나 싶었습니다.

나에게는 즐거움인 독서가 왜 아이들에겐 아주 싫은 것이 되어 버렸을까 싶어서 생각이 깊어지더라고요. 게다가 평소에는 싫어도 싫다고 말하지 않았던 아이들이었을 텐데, 몇몇의 친구가 공부와 독서가 싫다고 말하니까 너도 나도 싫어한다고 말하더라고요.

"얘들아, 그럼 왜 독서가 싫은지 노트에 적어 볼까?"

수업 진도 나가는 것을 잠시 미루고, 책 읽기가 왜 싫은지 이야기를 듣고 싶었습니다. 원래 저의 진로 수업은 대부분 이렇게 시작해요. 뭔가 재미있는 주제가 떠오르면 그걸 한 시간 동안 아이들과 토의하기도 하지요.

그렇게 첫 수업의 주제가 바로 그 자리에서 결정되었습니다. 아이들이 책 읽기를 싫어한 이유들은 의외로 다양했습니다. 독후감을 써야 해서, 독서대회 때문에, 학교에서 지정한 책이어서, 엄마가 책 읽으라고 잔소리해서, 독서가 숙제라고 생각되어서, 책 읽는 것이 공부하는 것 같아서, 읽고 싶어 하는 책을 부모님이 못 읽게 해서, 재미있는 책이 없어서… 등등.

"A야, 친구들 의견 중에 너는 어느 것에 해당되니? 친구들에게 말해 줄 수 있을까?"

"네, 저는 엄마 잔소리 때문에 책 읽는 게 진짜 진짜 싫어요. 학원 다녀와서 씻고 잠깐 유튜브 보는데, 엄마가 갑자기 소리 지르면서 그 시간에 책이나 읽지 스마트폰 본다고 뭐라 하시는 거예요. 저는 정말 억울해요. 늦게까지 학원에서 공부하고 와서 잠시 쉬는 건데, 그게 잘 못인가요? 저는 공부만 하려고 태어난 것 같아요."

"그랬구나, 엄마가 너를 이해해 주지 못해서 속상했겠네. 엄마의 책 읽으라는 소리가 싫다 보니 책 읽기도 싫어진 거구나. 말해 줘서 고마 워. 그럼 B는 왜 독서가 싫으니?"

"선생님, 저는 논술학원에 다니는데요. 고등학교 형들이 읽을 정도 로 두껍고 어려운 책을 저보고 읽고 요점 정리해서 말하래요. 진짜 두 껍거든요. 논술학원에서 읽는 책은 재미도 없고, 숙제도 많고, 진짜 싫어요. 안 가고 싶다고 말했는데도, 엄마는 계속 가야 한대요. 요즘 엄마와 자주 싸우는 원인이에요."

아이들의 불만이 쏟아지기 시작했습니다. 부모님들은 독서 습관을 갖게 해 주려고 노력하신 걸 텐데 책을 멀리하는 이유가 됐더라고요. 학교에서나 부모님들이 책 읽기를 권하는 데는 다 이유가 있습니다. 제시 리 베넷은 "책은 인생의 험준한 바다를 항해하는 데 도움이 되게끔 남들이 마련해 준 나침반이고, 망원경이고, 육분이고, 도표이다"라고 말했지요. 철학이나 고전을 읽으면 생각의 힘을 키우는 데 도움을 받을 수 있고, 소설이나 시를 읽으면 감성이 풍부해지고, 전문 서적을 읽으면 지식과 지혜도 얻을 수 있고, 심리학 책을 읽으면 공감 능력이 키워지고, 평전을 읽으면 롤 모델을 만날 수도 있어요.

또한 역사책을 읽으면 인류가 지금까지 쌓아온 발전상을 바라볼 수도 있고, 그들의 연구 결과와 사상들을 만날 수 있지요. 수천 년 동안 이어져 온 인류와 지구의 역사를 책 한 권으로 알 수 있는 거거든요. 책을 좀 더 재미있게, 또는 도움이 된다는 것을 알게끔 만났더라면 참 좋은 경험이 되었을 텐데, 여러 가지로 아쉬운 마음이 듭니다.

책을 읽다 보면 나 자신에 대해서도 알 수 있습니다. 주변 사람들이 저에게 책 읽는 이유를 물으면, "매일매일 성장하고 내 꿈인 '작가'가 되기 위해 읽습니다"라고 대답합니다. 책 속에서 마음의 위안도 얻고, 세상을 배우기도 하지요. 앞으로 어떻게 살아가야 할지 삶의 방향성을 찾고, 꿈을 이루기 위해서 책을 읽는 겁니다.

그래서 "왜 책을 읽어야 하나요?"라는 질문은 '매우 좋은 고민'이라고 생각합니다. 여태까지는 그런 고민을 해 본 적 없이 그냥 부모님이 시키니까, 학교에서 읽으라니까 독서했던 거잖아요? 그러니까 당연히 재미없지요. 사람은 내가 하고 싶어서 하거나, 내가 하고 싶은 걸

할 때 행복감을 느끼거든요.

　그럼, 지금부터 우리 남이 시켜서 하는 독서 말고, 내가 하고 싶은 독서, 내가 필요해서 스스로 선택한 독서를 한번 해 볼까요? 공부 잘하는 학생들은 어떻게 읽는지도 알아보고요. 진로 전문가인 선생님을 믿고 이 책을 끝까지 읽으면서 따라와 봐요. 생각보다 재미있을 거예요. 왜냐하면 이 책은 여러분이 스스로 자신의 생각을 쓰고 말하면서 정리할 수 있게 구성되어 있거든요. 마치, 다이어리나 일기장에 기록하듯이 말이에요.

　진짜 재미있는 중학생에게 맞는 독서, 함께 시작해 볼까요?

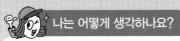 나는 어떻게 생각하나요?

질문 "공부", "독서" 이 단어를 떠올리면 어떤 생각이 드는지 적어 볼까요?

● "공부"

● "독서"

● 왜 그런 생각이 들었어요?

질문 가만히 눈을 감고 1분만 생각해 봐요. 나는 책 읽는 것을 좋아하는지 아니면

싫어하는지, 그리고 왜 그런 감정이 생겼는지 이유를 적어 볼까요?

● 나는 책 읽는 것을 좋아한다. ☐ YES ☐ NO

● 좋아하게 된 이유 또는 싫어하게 된 이유는?

질문 책 읽기에 관심 없어도 꼭 읽어야 한다면, 어느 분야의 책을 읽고 싶은가요?

(중복 체크 가능)

☐ 인문 ☐ 철학/종교 ☐ 역사 ☐ 사회/경제 ☐ 수학/과학 ☐ 교과서

☐ 고전문학 ☐ 청소년 소설 ☐ 판타지 소설 ☐ 만화책 ☐ 동화

☐ 에세이 ☐ 시 ☐ 자기관리 ☐ 예술 ☐ 취미 실용 ☐ 기타(   )

● 여러 분야 중 내가 선택한 이유는 뭔가요?

차례

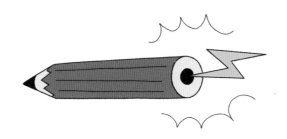

1

중학생,
왜 꼭
읽어야 할까?

중학교 때 독서가 중요한 진짜 이유

🤓 선생님에게는 두 명의 아들이 있어요. 첫째는 초등학교 6학년부터 사춘기가 시작되었던 것 같아요. 엄마, 아빠와 여행이나 나들이 가는 것을 그때쯤부터 싫어하더라고요. 중학생이 되면서부터는 친구와 놀러 다니는 걸 좋아해서 조금씩 늦게 들어오기도 하고요.

부모 입장에서 아이가 늦은 시간까지 밖에 있는 것도 걱정이고, 집에 혼자 두고 멀리 가는 것도 불안해서 매번 가족여행을 억지로 데리고 다녔었어요. 그런데 중학교 1학년 11월쯤인가, 김장하러 토요일에 부모님 댁에 내려가야 했는데 큰아이가 혼자 집에 있겠다는 거예요.

"저, 안 가면 안 돼요? 친구랑 집에서 공부할게요."

"너 혼자 어떻게 있으려고? 혼자 있어 보지 않았잖아."

"에이, 중학생인데… 친구랑 숙제하면 돼요."

할머니 집에 가도 심심할 테니까, 결국 아이의 의견에 동의해 줬어요. 중학생이니 하루 정도야 친구와 같이 잘 지낼 수 있겠다 싶었거든요. 김장을 마치고 다음 날 서울에 올라왔는데, 집안이 고요하더라고요. 아이는 하룻밤을 별일 없이 잘 보낸 것처럼 보였어요. 나름 뿌듯해하는 표정도 보이더라고요.

그런데 청소하다가 거실 소파 밑에서 소주병 뚜껑이 발견된 거예요. 밤에 친구와 술을 마신 게 딱 걸린 순간인 거죠. 아들은 친구와 몰래 술을 마시고 완전하게 처리했다고 생각했을 텐데, 증거가 나오니까 많이 놀란 것 같더라고요. 친구를 불러서 게임하고 놀면서 소주를 마셨다고 솔직하게 말하며 무릎을 꿇고 죄송하다고 빌었어요. 한 번의 일탈이었지만 미성년자가 술을 마시는 건 잘못된 행동이기 때문에 당연히 혼냈답니다. 호기심으로 그랬다는 걸 알지만, 그래도 어른이 안 계실 때 잘못하면 큰 사고로 이어졌을 수도 있는 상황이라 무엇이 문제인지를 설명해 주었어요.

선생님은 두 아들을 키우고, 현재 중학교에서 근무하고 있는데 '왜 아이들이 중학생이 되면 변하는 것일까?' 궁금해졌어요. 이 시기가 사춘기, 질풍노도의 시기라는 것은 알지만 갑자기 변해 버린 아이의 성격과 행동을 이해하기가 어렵더라고요. 그래서 읽은 책이《청소년 감정코칭》이에요. 이 책을 읽으면서 사춘기를 겪고 있는 아들과 중학생들의 상황을 이해하게 됐어요. 몸이 변하면서 겪게 되는 심리적인 변화, 마음의 혼란스러운 상태 등을 알게 된 거죠.

그래서 하루는 첫째아이와 식당에서 돈가스를 먹으며 얼마 전에 읽은 책 내용을 이야기하면서 물어봤어요. 요즘 힘든 일은 없는지, 그리고 최근에 아빠가 책을 읽어 보니 이러저러한 내용들이 있던데 너는 어떠냐고 말이죠. 원래 말을 걸면 귀찮아하던 아들인데 책을 가지고 이야기를 시작했더니 대화가 되더라고요.

그 이후로 아이에게 해 주고 싶은 말이 있으면 일방적으로 혼내거나 아빠의 생각을 강요하기보다는 책 이야기를 하면서 대화를 나누었어요. 몇몇의 책에 대해서는 관심을 보이기도 해서 같은 책을 읽은 적도 있지요. 공감대가 형성되니까 더 대화가 재미나더라고요.

어느덧 서른 살이 된 첫째아이는 여전히 독서광이에요. 책이 자신의 삶에 커다란 영향을 미친다는 걸 경험했거든요. 공부와 진로를 정하는 데도 도움을 받았고요.

선생님은 진로 수업이나 진로 상담을 하면서 학생들에게 하루가 엄청 바빠도 독서만큼은 빼먹지 말라고 말해요. 책을 읽으면 생각의 크기가 커지는 걸 경험하게 되거든요. 간접 경험을 통해 경험의 폭도 넓어지고요. 초등학교 때까진 대부분 아직 '기호(嗜好)' 즉, 즐기고 좋아하는 게 따로 없는 경우가 많아요. 대부분 부모님의 기호가 아이의 기호와 연결되는 경우가 많지요. 운동도, 취미도, 책 고르는 것도 대부분 그래요.

하지만 중학생이 되면서부터는 즐기고 좋아하는 것들이 조금 더 명확해지고, 개인화되는 경향이 있어요. 본인의 성향이 그때부터 더 발현되기도 하고, 또래친구의 영향을 받기도 하지요. 그래서 이때의 책 읽기는 나를 완성해 가는 과정에 큰 영향을 미쳐요. 좋아하거나 잘하는 것을 찾아내게 되면 그것들이 진로 결정이나 성적에 영향을 미치기도 하고 말이에요. 그래서 중학교 시기의 독서는 그냥 '책을 읽는다'라는 행동이 아니라, '나에 대해서 알아가는 과정'이고, '나다움을 고민하는 매우 특별한 경험'인 거예요.

중학교 시기는 시험에 대한 부담도 적고, 1학년 때는 자유학년제 또는 자유학기제를 운용하기 때문에 그걸 이용하면 좋은 습관들을 만들어 갈 수 있어요. 고등학생이 되면 대학교 진학이나 취업을 위한 공부를 하느라 정신없거든요. 그러니까 조금이라도 시간적으로 여유가 있을 때 좋은 책을 많이 읽어 두면 매우 도움이 된답니다.

책을 많이 읽으면 자연스럽게 문해력이 생겨나요. 읽고 이해하는 능력이 키워진다는 건데, 그러면 공부도 수월해지죠. 세계의 석학들이나 경제를 이끄는 기업의 CEO들이 어릴 때부터 책을 많이 읽었다고 하는 것만 봐도, 지혜와 지식을 얻는 가장 쉽고 빠른 방법이 독서라는 걸 알 수 있어요.

물론 인터넷을 통해서 자료를 찾거나 유튜브로 지식을 얻는 방법도 있긴 해요. 하지만 검색 찬스를 통해서 얻는 정보들은 머릿속에 오래 남아 기억되지 않아요. 그때그때 궁금증만 잠시 해결될 뿐이죠. 그래서 독서를 습관화 하는 것을 추천해요.

또한 독서는 기억력 훈련에 매우 도움이 돼요. 독서라는 과정을 살펴보면 앞의 내용을 기억해야 그 다음의 내용과 연결해서 이해할 수 있기 때문에 자연스럽게 기억력 훈련이 되는 셈이에요. 재미있게 즐기면서 말이죠.

그리고 이게 참으로 신기한 건, 독서할 때 기억하며 읽고 이해하는 과정이 공부할 때와 매우 닮았다는 거예요. 장편소설을 읽을 때 앞에 나온 인물들이나 사건을 기억하지 못하면 뒤의 내용이 이해가 안 되잖아요? 그래서 분량이 많은 두꺼운 책을 자주 읽다 보면 기억하며 읽는 습관이 생겨서 따로 공부법을 배우지 않아도 공부의 비결을 익히게 돼요. 고등학생이 되면 기다란 지문을 읽고 풀어야 하는 문제들이 많은데, 그때도 독서를 많이 한 학생이 유리하죠.

이처럼 책을 읽는다는 건 장점이 참 많아요. 그래서 독서를 꾸준히 할 수 있도록 습관을 들이면 매우 좋지요. 지금 어떤 습관을 만들어 가고 있나요? 어떤 학생은 친구들과 노래방에서 목소리를 높여 노래하고, PC방에서 게임에 빠져 있고, 학원에 다니느라 고생하고… 각자마다 방과후의 모습은 다를 거예요. 이런 것도 물론 중요해요. 친구를 사귀는 것도, 취미를 살리는 것도, 스트레스를 푸는 것도 다 중요하고 필요하거든요. 그러나 한 가지에만 너무 빠져 있으면 곤란해요.

그렇다고 매일 시험을 앞둔 학생처럼 공부하라는 건 아니에요. 취미 중의 하나를 독서로 삼는다고 생각하면 돼요. 쉬운 방법을 하나 소개하자면, 잠들기 전에 책을 읽으면 좋겠어요. 많이 읽지 않아도 되고, 오래 읽지 않아도 돼요. 읽다가 잠들어도 괜찮아요. 중요한 건 꾸준히 읽는 습관을 들이는 걸 목표로 삼는 거죠.

　중학교 시기는 겨우 3년이지만, 정말 중요한 때예요. 생활습관, 생각하는 습관, 공부습관을 모두 그때 만들어 놔야 나중에(고등학교에 가서, 대학에 가서, 성인이 되어서) 좀 더 수월해져요.

　우리, 초등학생처럼 부모님이 정해 준 스케줄대로 생활하지 맙시다. 스스로 좋은 습관을 만들어 자율적이고 자립적인 사람으로 성장해야 자존감도, 자신감도, 자기 효능감도 높은 사람이 될 수 있어요. 책을 읽으면 꿈이 생기고, 열정이 생기고, 위대한 삶으로 갈 수 있는 실행력이 생겨요. 중학생 시기에 다양한 분야의 좋은 책을 만나 보는 것은 행운이고, 진짜 원하는 삶으로 이끄는 힘이 되어 줄 거예요. 선생님의 말을 한번 믿어 봐요!

고등학생이 되기 전, 중학생 때 읽고 싶은 책 목록을 10개만 적어 보아요.

연번	분야	책 제목	작가	출판사	읽을 시기
예시	청소년/ 자기관리	문해력 쫌 아는 10대	박승오	풀빛	중1.여름
1					
2					
3					
4					
5					
6					
7					
8					
9					
10					

★ 책 분야는 인터넷 서점 예스24, 교보문고, 알라딘 홈페이지에서 책을 검색하면 알 수 있어요.

좋아하고 잘하는 게 뭔지 모르겠다면

청소년 시기에 정말 어려운 일 중의 하나가 바로 좋아하는 것과 잘하는 것을 찾는 일인 것 같아요. "아무리 생각해도 저는 잘하는 것도, 하고 싶은 것도 없는 것 같아요. 다른 친구들은 참 하고 싶은 게 많은 것 같던데, 저는 앞으로 어떻게 해야 할까요?" 이렇게 묻는 십대 청소년들이 정말 많거든요.

여러분은 아마도 학교에서 진로 수업 시간에 '흥미'와 '적성'에 대해 배웠을 거예요. 누가 억지로 시켜서 투덜거리면서 하는 것이 아니라 좋아하는 축구를 할 때처럼, 좋아하는 게임을 할 때처럼 좋아하고 관심 있어 하는 걸 '흥미'라고 해요. '적성'은 잘하는 것을 말하고요. 즉, 어떤 일을 수행해 낼 수 있는 잠재적인 능력을 의미하지요. 일상 생활에서 발견할 수 있는 사소한 장점도 적성이 될 수 있어요.

'흥미'와 '적성'을 찾는 방법은 다양해요. 진로 심리 검사를 통해서, 좋아하는 과목 속에서, 또는 다양한 진로 직업 체험 활동에 참여함으로써 찾을 수 있거든요. 선생님이 책을 통해서 좋아하고 잘하는 것을 찾을 수 있는 방법을 알려줄게요.

주식 투자만으로 부자가 된 워런 버핏에 대해서 여러분들도 들어 본 적 있을 거예요. 근데 그가 엄청난 독서광이고, 매일 출근해서 가장 먼저 하는 일이 일간 신문을 모조리 읽고 하루에 500페이지 이상의 책을 읽는다는 건 알았나요? 한창 독서에 빠져 있을 때는 1천 페이지 분량의 책을 매일 읽었대요.

워런 버핏은 주로 주식이나 투자 관련 책을 읽었다고 해요. 그렇다보니 '투자의 귀재'라고 불리는 것이겠지요. 어려서부터 투자에 관심을 갖고 투자 방법을 책 속에서 찾아낸 거예요. 그는 "자신의 투자 기법 중에 90퍼센트는 책에서 배운 것이다"라고 인터뷰하기도 했지요. 대단하지 않나요? 관심 있는 분야에 관한 책들을 모조리 섭렵한 거예요. 워런 버핏의 놀이터는 마을에 있는 도서관이었던 거죠.

전기 자동차 하면 누가 떠오르나요? 아마도 테슬라의 일론 머스크가 생각날 거예요. 그는 사업 영역을 우주로까지 확장시킨 잘나가는 사업가죠. 어느 날 그에게 기자가 물었대요. "인공위성 발사체인 로켓을 만드는 기술이나 방법은 어디서 알게 되었나요?" 그랬더니 일론 머스크의 대답이 뭐였는지 알아요? "책에서 배웠습니다"라고 말했대

전기차, 로켓 모두 책에서 영감을 얻었습니다!

요. 그가 사업하면서 가장 많은 영감을 받은 책이 벤저민 프랭클린의 자서전이에요. 성공한 기업가들의 자서전을 읽으면서 영감을 얻고 그것들을 사업에 적용한 것이죠.

예전에 상담했던 학생의 이야기를 들려줄게요. 중학교를 수석으로 졸업하고 일반 고등학교로 진학한 학생이었어요. 근데 고등학교를 다니면서 고민이 생긴 거예요. 굳이 대학을 가야 하나 생각이 든 거죠. 내가 무엇을 위해 공부하는지에 대해 고민이 생긴 거예요. 선생님한테 상담을 의뢰하기 전까지는 자퇴를 우선적으로 생각했더라고요. 여러분은 이런 고민이 생기면 어떻게 할 건가요?

선생님은 학생에게 뭐라고 해 주면 좋을까 깊이 고민했어요. 이 학생이 예전엔 하고 싶은 게 있었는데 지금은 없어진 것일 수도 있고, 공부 이외엔 잘하는 게 없다고 생각해서 그동안 열심히 해왔는데 점점 어렵게만 느껴져서 고민인 걸 수도 있으니까요. 대학 진학을 왜 그만두고 싶어졌는지 정확하게 이유를 모르다 보니 섣부르게 조언하면 안 되겠다 싶었어요.

그래서 고등학생이 된 지 얼마 안 됐으니까 공부하는 목적에 대해 다시 생각해 보고, 하고 싶은 것을 찾아보자고 제안했어요. 지금 당장엔 학교에서 공부하는 것도, 학교생활도 싫어진 것 같아서 도서관에 가 보라고 했고요. 책을 읽기 위해서가 아니라 도서관의 분위기를 느끼러요.

도서관에 가면 다른 사람들이 공부하는 모습은 보지 말고, 자료실로 가서 서가에 빼곡하게 정리되어 있는 책들을 보고, 냄새도 맡아 보라고 했어요. 선생님이 일하기 싫고 책도 읽기 싫을 때 하는 방법이거든요. 어떤 책을 빌려야겠다는 생각을 가지고 도서관에 가는 것이 아니라, 그냥 그 장소로 가는 거예요. 서가 사이를 돌아다니면서 책 제목들을 쭉 훑어보는 거죠. 어떤 때는 구경만 하다 올 때도 있고, 어떤 때는 제목이 마음에 들어서 책을 꺼내어 앞부분만 읽어 보기도 해요.

이렇듯 지금 하는 것이 싫어졌을 때는 도서관에 가서 책을 구경해 보아요(도서관이 답답하면 서점에 가서 구경해도 괜찮아요). 그렇게 며칠 어떠한 목적 없이 도서관을 찾다 보면 관심 가는 책이 생길 거예요. 그럼 대출해서 읽어 보아요. 관심이 생기는 책 속에서 평소 하고 싶었던 것들에 대한 답을 얻을 수 있거든요. 선생님은 진로가 고민인 청소년들에게 항상 이런 말을 해요. 고민을 고민하지 말라고요. 고민이 있으면 책 속에서 찾아보세요. 그곳엔 나와 같은 고민을 나보다 먼저 한 사람의 이야기가 담겨 있어요.

요즘은 관심사에 대한 정보를 얻기 위해 유튜브 영상을 많이 보는 것 같은데, 이것도 좋은 방법이긴 해요. 그런데 그 정보들은 휘발성이 높아요. 머릿속에 잘 남질 않죠. 궁금한 게 생기면, 그리고 내 마음을 나도 모르겠을 때는 도서관에 가서 나의 삶과 연결 고리가 있는 책을 찾아보아요. 그리고 성공한 사람들이 하는 방식을 따라해 보면 좋겠어요. 물론 워런 버핏처럼 하루에 500페이지 이상 책을 읽을 수는 없을 거예요. 그렇지만 좋아하는 것을 더 잘하기 위해서 책에서 방법을 찾는 건 해 볼 수 있지 않을까요?

나의 관심사를 정리하고 관련 있는 책을 찾아보아요. ✏️

연번	관심 있는 것	관련 도서 정보
예시	우주, 지구과학, 우주공학	《지구인의 우주 살기》 실뱅 채티 글 / 신용림 옮김 풀빛 / 2022년 8월
1		
2		
3		
4		
5		

★ 관심사와 연결된 책 정보는 인터넷 서점 예스24, 교보문고, 알라딘에서 찾아보세요.

하고 싶은 것을
정말 잘하게 되는 비결

어느 날 중학교 1학년 학생이 진로 상담실로 찾아왔어요. 아이는 작가가 꿈이래요. 왜 작가가 되고 싶으냐고 물었더니 아이는 당차게 이렇게 대답하는 거예요.

"아빠가 인쇄업을 하시면서 책 만드는 걸 보니, 어려서부터 제 이름이 적힌 책을 갖고 싶었어요. 저는 작가가 되고 싶어요. 그런데 부모님이 반대하세요. 왜 반대하시는지는 잘 모르겠어요."

선생님도 학생의 부모님이 왜 반대하시는지는 정확하게 알 수 없지만, 아마도 직업과 경제적 수입을 연결해서 생각하시기 때문이겠지요. 책을 쓴다고 모두가 베스트셀러 작가가 되는 건 아니거든요. 사실, 작가가 인세만 가지고 먹고살기란 매우 힘든 일이에요. 선생님이 아이에게 그걸 설명해 줬어요. 요즘엔 전업 작가보다 다른 직업을 가지고 있으면서 작가로 활동하시는 분들이 많다고요. 자신의 분야에서 얻은 전문성으로 책을 출간하는 작가들도 많고요.

선생님도 매년 책을 출간하는 작가예요. '청소년 진로' 분야의 특별한 전문성을 바탕으로 책을 쓰고 있지요. 청소년들이 작가라는 직업을 생각했을 땐 문학 작품을 쓰는 소설가나 시인들을 먼저 떠올리겠지만, 알고 보면 다양한 분야의 책이 출간되고 있어요. 자기계발, 부동산, 자녀교육, 인문, 역사, 철학, 수학, 과학, 취미, 예술 등등, 작가들마다 각자 가진 전문성을 발휘해 책을 쓰지요.

학생에게 물어봤어요. 아직 중학생이니까 작가라는 직업에 꿈을 한정 짓지 말고 다른 여러 분야에도 관심을 가지고 도전해 보면 어떻겠니 하고요. 그리고 책을 많이 읽는지를 물었죠. 그랬더니 책을 잘 읽지 않는다고 대답하더라고요. 만화책 정도만 읽는대요. "책을 읽지 않는데 작가로 성공할 수 있을까?" 하고 다시 물어봤어요. 그랬더니 아직 거기까지는 생각을 안 해봤대요.

작가가 되기 위해서 책을 읽는 것은 아니지만, 작가가 꿈이라면 작품을 많이 읽어 봐야 해요. 다른 작가들은 이야기를 어떻게 풀어 나가는지도 살펴보고, 분야마다 글쓰기를 위한 배경지식도 필요하거든요. 독서를 통해, 또는 공부를 통해서 머릿속으로 들어온 여러 정보와 지식을 나만의 아이디어를 더해 새로운 작품으로 만들어 낼 줄 알아야 좋은 작가가 될 수 있어요. 그런 융합적인 사고 능력을 키우기 위해서는 책 읽기가 필수라고 말해 주었더니 곰곰이 생각하더라고요. 어떤 책을 읽어야 하는지 묻기에 선생님이 몇 권을 권해 주었어요. 그 이후로 틈틈이 빌려갔지요. 중학교 졸업 때까지 꾸준하게 책을 읽더라고요. 그러더니 변호사라는 새로운 꿈을 갖게 되었어요.

자신의 꿈이 명확해서 방향을 설정해 잘 이뤄 나가는 친구들도 있지만, 막연하게 꿈만 있고 어떻게 실천해야 하는지 모르는 학생들도 꽤 많아요. 가령, 래퍼가 꿈이라면 랩을 많이 써보거나 다양한 비트에 대해서 배우고 다양한 스타일을 익혀야 하는데, 아무것도 하지 않는 거죠. 컴퓨터게임 해설자가 되고 싶다면서 말만 잘하면 된다고 생각하는 친구들도 있더라고요.

래퍼가 되고 싶다면 관련 학원을 다니거나, 랩 음악을 많이 듣는 것도 좋고,

래퍼들이 쓴 책을 읽어 보는 것도 도움이 돼요. 인터넷 서점에서 '래퍼'라고 검색해 보면 관련 도서들이 검색되거든요. 김봉현 작가님이 집필하신《래퍼가 말하는 래퍼》에는 "래퍼가 되려면 어떻게 해야 하나요?", "부모님은 어떻게 설득해야 하죠?", "래퍼로 먹고살 수 있을까요?", "힙합을 좋아하는데 랩에 재능이 없어요" 등 청소년들이 직업으로서의 '래퍼'에 대해 궁금해하는 것들이 담겨 있어요. 래퍼로서의 재능이나 자질, 래퍼가 아닌 다른 포지션으로 힙합 일에 종사하는 방법들에 대해서도 상세하게 설명되어 있으니 도움이 될 거예요.

만약 법조인이 되고 싶다면《김영란의 헌법 이야기》, 의사가 되고 싶다면《자꾸 생각나면 중독인가요?》, 환경운동가가 되고 싶다면《쓰레기 산에서 춤을!》, 유전공학자가 되고 싶다면《유전자 쫌 아는 10대》를 읽어 보면 도움이 돼요.

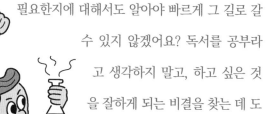

내가 하고 싶어 하는 직업이 있다면 무슨 일을 하는지, 어떤 준비가 필요한지에 대해서도 알아야 빠르게 그 길로 갈 수 있지 않겠어요? 독서를 공부라고 생각하지 말고, 하고 싶은 것을 잘하게 되는 비결을 찾는 데 도

움이 되는 과정이라고 생각해 봐요.

십 대 친구들 중에는 당장 되고 싶은 꿈이 없어서 고민인 경우도 있지만, 꿈이 너무 많고 자주 바뀌어서 고민인 경우도 있을 거예요. 근데 중학생 때는 하고 싶은 것도, 잘하는 것도 계속 달라지니까 조급하게 생각하지 말고, 현재 내가 좋아하고 잘하는 것을 즐겁게 할 수 있는 방법을 찾았으면 좋겠어요. 관심 분야의 책을 읽는 것이 정말 큰 도움이 된다는 걸 알려 주고 싶네요.

질문 미래에 하고 싶은 것과 연결되어 있는 도서를 검색해 봐요.

미래에 하고 싶은 직업 활동은
(예시) 인공지능 전문가

연번	책 제목	저자명	출판사	선정 이유
예시	챗GPT로 만나는 내:일	김영광	풀빛	AI와 함께 일하는 직업이 궁금해서
1				
2				
3				
4				
5				

수업 시간에
질문을 하게 된다니!

👓 어릴 적에 수업 시간만 되면 심장이 두근거리면서 조마조마했어요. 특히 수학 시간엔 앞으로 나가서 칠판에 문제를 풀어야 했는데, 틀릴까 봐 식은땀이 나더라고요. 수학이 제일 두려운 과목이었어요. 선생님이 정말 무서운 분이셨거든요. 항상 지시봉을 들고 다니시면서 수학 문제를 풀지 못하거나 시험 성적이 떨어지면 엉덩이에 불이 나게 매를 드셨어요. 지금은 상상할 수 없는 이야기지만, 40년 전에는 체벌이 허용되었던 때라서 공부를 못하면 맞았지요. 수업 시간 내내 제발 내 번호가 불리지 않기를 기도하면서 보냈답니다.

왜 이렇게 불안해했을까 돌아보면 자신감이 많이 부족했던 것 같아요. 수학을 잘한다는 자신감이 없다 보니 더 주눅이 든 거죠. 요즘 교실 복도를 거닐다 보면 나의 어릴 적 모습처럼 자신감 없어 보이는 학생들이 의외로 많은 것 같아요. 그래서 진로 수업 시간에 항상 아이들에게 이런 말을 해 주고 있어요.

"애들아, 진로 수업 시간에는 정답이 없어. 그러니까 선생님이 질문하면 머릿속에서 떠오르는 것을 그냥 말하면 돼. 그리고 궁금한 게 생기면 눈치 보지 말고 막 물어보렴."

이렇게 말하고 수업을 시작하면 한결 아이들의 표정이 부드러워지더라고요. 혹시 여러분들도 궁금한 것이 생기면 잘 묻곤 하나요? 손을 들고 질문하는 용기를 가져 보면 좋을 것 같아요. 처음엔 쑥스럽고 주목받는 게 두려울 수도 있지만 궁금한 걸 참는 건 손해잖아요.

선생님도 예전엔 교사 연수할 때 질문을 잘 하지 않았었는데 요즘은 제일 먼저 손을 들고 궁금한 것을 강사님에게 질문해요. 언제부터 달라졌나 생각해 보니, 매일 꾸준하게 독서하면서 얻게 된 효과라고 말할 수 있겠네요. 내가 무엇을 아는지, 그리고 무엇을 모르는지를 정확하게 알아야 질문할 수 있거든요.

책을 읽다 보니, 내가 의외로 모르는 게 많다는 걸 알게 되었어요. 여태껏 '아는 것 같아'라는 느낌만 가지고도 '안다'고 착각했던 게 많더라고요. 그렇다 보니 안다고 말하면서도 남에게 설명할 정도는 안 되고, 게다가 머릿속에 잘못된 정보 상태로 기억된 경우엔 똑같은 문제를 매번 틀리더라고요. 그래서 언젠가부터 책 읽기의 방법을 조금 바꿔 보기로 했어요. 그 이야기를 들려줄게요.

먼 옛날, 중국 송나라 때 주희라는 분이 계셨어요. 주희는 독서삼도(讀書三到)라는 유명한 말을 남기셨는데요, 독서의 법은 "구도(口到), 안도(眼到), 심도(心到)에 있다"라고 말씀하셨어요. 무슨 뜻이냐면 "입으로 다른 말을 아니하고, 눈으로 딴것을 보지 말고, 마음을 하나로 가다듬고 글의 뜻을 잘 생각하여 차분하게 하나하나 읽으면 그 내용을 잘 알 수 있다"는 거예요. 선생님은 주희의 독서삼도에 한 가지를 추가해서 독서사도(讀書四到)를 말하고 싶어요. 바로, 질문할 것을 찾으며 읽는 거예요.

선생님은 새벽에 매일 한 시간씩 책 읽기를 습관으로 만들었는데, 책을 읽기 전에 먼저 질문을 만들어 두고, 읽은 후에 질문에 답을 써 보곤 해요. 읽기 전의 질문은 단순하게 만들어요. 책 제목, 목차, 표지에 있는 간결한 문장들을 살피면서 만들지요. 그리고 책을 읽은 후에는 저자의 생각, 등장인물들의 심리, 읽으며 궁금했던 것들을 질문 형태로 정리해서 답을 적어 보곤 해요.

평소에 질문 만들기를 꾸준히 하다 보면, 수업 시간에 선생님이 무엇을 물으실지 눈에 보여요. 질문하는 연습을 반복하다 보면 '아, 이런 게 시험에 나오겠구나!' 하고 감이 생기는 거죠. 익숙해지면 당연히 수업 시간에 자신감이 생기고, 나 혼자서는 해결하지 못하는 궁금한 점을 선생님께 묻고 싶어져요.

책을 읽으면서 질문 만드는 방법은 다음과 같아요.

첫 번째는, 책에 담긴 사실들을 물어보는 질문을 만드세요. '책의 주인공은 누구?', '이 책의 저자는 누구?' 등 책을 읽으면서 답을 찾아볼 수 있는 질문을 만드는 거예요. 모든 책에는 앞부분에 서문이나 머리말 또는 저자의 글이 있어서, 그 부분을 읽으면 답을 대부분 적을 수 있어요.

두 번째는, 저자의 생각을 파악해 보는 질문을 만드세요. '저자의 주장에 어떻게 생각하는가?', '저자가 말하는 것에 동의하는가?', '저자의 말에 동의하지 않으면 그 이유는 무엇인가?' 등 책 속에서 저자의 생각을 파악할 수 있는 질문이나, 자신이라면 어떻게 할 것인지를 파악하는 질문을 만들고 그에 대한 답을 적어 보아요.

세 번째는, 책 속에 등장하는 상황들을 거꾸로 생각해 보는 질문을 만드세요. 예를 들어 '만약에, 세종대왕이 임금이 되지 못했다면?', '주인공이 그 장소에 나타나지 않았다면' 등 자신이 새로운 작가가 되어서 책 속의 문장이나 장면을 뒤집어 생각해 보고, 다른 각도에서 바라보는 질문을 만들어 보는 거예요.

네 번째는, 책 속에 등장하는 인물을 탐구해 볼 수 있는 질문을 만드세요. 가령, 박지리 작가의 소설 《합★체》에서 쌍둥이 형제인 합과 체는 학교생활에서 전혀 다른 모습을 보여 주어요. 합은 모범생이고 공부도 잘하지만, 동생인 체는 항상 불만이 많고 친구들과도 다투고 공부는 뒷전이지요. 쌍둥이지만 완전히 다른 성향을 보이고 있어요. 이 소설 속에서 상반된 쌍둥이 형제는 어떤 역할을 하고 있는지 분석해서 질문을 만들어 보는 거예요.

다섯 번째는, 마음속에 담고 싶은 문장을 노트에 옮겨 적으면서 자신의 감정이나 생각을 질문으로 만들어 보세요. 예를 들어 《타이탄의 도구들》을 읽고 "인생은 속도가 아니라 방향이다"라는 문장이 마음에 쏙 든다면 노트에 적고, 빨간색 볼펜으로 나 자신은 지금 어떻게 중학교 생활을 하고 있는지 또는 성인이 되어서는 어떻게 살아갈 것인지 질문을 만들고 스스로 답을 적는 거예요.

독일의 작가이자 철학자인 괴테는 "현명한 대답을 원한다면 합리적인 질문을 하라"고 말했어요. 질문하면서 책을 읽다 보면 내용을 제대로 파악했는지 스스로 점검하게 되고, 아는 것과 모르는 것을 명확하게 구분할 수 있어요. 당연히 몰랐던 것을 알게 되고요.

중학생이 되면 추상적이고 논리적인 사고가 가능해져요. 이 시기엔 구체적인 질문도 필요하지만, 상상력을 자극하는 추상적인 질문을 만들어서 답을 써 보는 것도 좋아요. 그러다 보면 깊이 있게 고민하는 방법도 자연스레 터득하게 될 거예요.

수업 시간에 선생님이 질문하실까 봐 겁이 난다면 예습을 하면 도움이 되겠죠? 교과서를 읽거나 관련 도서를 읽으면서 선생님께서 수업 시간에 할 만한 예상 질문을 만들어 보아요. 선생님의 질문은 항상 수업 시간에 다뤄지는 주제와 내용 안에서 나오거든요. 지금부터 책을 읽을 때 질문 만드는 연습을 해 보면 수업 시간이 더 재미있어지는 놀라운 경험을 하게 될 거예요.

수업 시간에 질문하는 것이 어려운 이유와 질문하는 습관을 갖기 위한 활동

을 적어 보아요.

질문하는 게 어려운 이유를 2가지만 적어 보아요.
1.
2.

질문을 잘하기 위해 무엇을 하면 좋을까요?

독서로 단기간에 효과를 보는 5가지

책을 읽으면 어떤 점이 좋을까요?

책을 읽으면, 스트레스가 줄어들어요. 요즘 청소년들은 스트레스를 게임이나 유튜브 보는 거로 해소하려는 경향이 있는데, 자극적인 것으로 스트레스를 관리하다 보면 이후엔 더 센 자극을 원하게 돼요.

이럴 때 재미있는 책을 읽어 보길 권해요. 깔깔 웃으면서 스트레스가 풀리기도 하고, 책 속의 등장인물이 힘든 상황들을 거뜬히 이겨내는 모습에 푹 빠져들면서 감정적인 해소가 되기도 하거든요. 화나고 짜증 날 땐 동화나 청소년 소설을 읽어 보아요. 스토리가 재미있게 구성되어 있고, 또래의 이야기다 보니 감정이입이 잘 돼요. '맞아, 나도 저랬는데!', '아, 이럴 때는 이렇게 해결할 수 있구나!' 하면서 현재의 상황과 비교해 보게 되고, 책 속의 갈등이 해소되는 모습을 보면 자연스레 화가 누그러져요.

지식을 채우는 책만 도움이 되는 게 아니에요. 동화나 청소년 소설,

에세이나 만화도 문제 해결 능력을 높이는 지혜가 생기는 데 큰 도움
이 된답니다.

　책을 읽으면, 암기력과 집중력이 향상돼요. 이런 이야기는 여러분들
도 많이 들어 봤을 거예요. 하루에 30분씩 1년 이상 꾸준하게 책 읽기
에 몰입하면 집중력과 암기력이 증가한다는 거요. 선생님은 암기하
는 걸 매우 힘들어했어요. 학교 다닐 때 친구들보다 3~4배 노력해도
성적이 좋게 안 나와서 속상할 때도 많았죠. 암기력과 집중력이 부족
했기 때문이었어요.

　지금은 그 어느 누구보다 암기력과 집중력이 좋아요. 몇 년 전부터
꾸준하게 일정 시간에 매일 1시간 이상씩 책을 읽으면서 향상되는 것
을 몸소 경험하는 중이에요. 성인인데도 독서를 통해 암기력과 집중
력이 좋아지는 것을 보면, 중학생인 여러분들은 조금만 독서에 몰입
해도 금방 효과를 얻을 수 있을 거예요. 성적이 고민이라면, 매일매일
꾸준하게 읽는 훈련을 해 봐요. 분명히 긍정적인 효과를 얻을 수 있을
거예요.

　겨울 방학 기간 동안에 읽으려고 학교 도서관에서 톨스토이의《부
활》을 빌렸던 적이 있어요. 매일 조금씩 읽기도 하고, 바쁠 땐 며칠 건
너뛰기도 하면서 두 달 정도 걸려서 읽었지요. 그런데 신기한 건 3~4

일 쉬었다가 읽어도 앞의 내용이 떠올라서 계속 재밌게 읽어지더라고요. 꾸준히 읽는 습관이 안 되어 있던 6년 전만 해도 같은 책을 며칠에 걸쳐 읽으면 앞부분이 기억이 안 나서 처음부터 다시 읽곤 했었거든요. 얼마나 신기한지, 매일 독서하면서 집중력과 암기력이 향상되었다는 걸 경험했어요.

책을 읽으면, 사람들 앞에 서는 것이 즐거워져요. 발표력도 좋아지고요. 선생님도 책 읽는 습관이 생기기 전에는 모임이나 회의 자리에서 말없이 듣기만 했었어요. 그런데 지금은 완전히 태도가 달라졌답니다. 요즘은 학생들 앞에서뿐만 아니라 처음 만나는 사람 앞에서도 당당하게 나서서 말하곤 해요. 두려움이 없어진 거예요. 자신감이 생긴 거기도 하고요. 만약 수업 시간이나 친구들 앞에서 말하기를 두려워한다면 책을 꾸준하게 읽는 습관을 가져 봤으면 좋겠어요. 책을 많이 읽다 보면 아는 것이 늘어나고, 그러면 다른 사람에게도 알려 주고 싶어지고, 어떻게 말해야 사람들이 관심을 기울여 듣는지도 자연스럽게 깨닫게 된답니다.

책을 읽으면, 글쓰기 능력이 향상돼요. 읽는 만큼 글로 써서 배출하고 싶은 욕구가 생기거든요. 글을 쓰는 건 작가만 하는 게 아니에요.

고등학교에 올라가면 수행평가를 위한 글쓰기도 해야 하고, 입시 준비를 위해서는 논술도 잘해야 해요. 대학에 들어가면 리포트 형식의 과제도 해야 하고, 어른이 되면 자기소개서나 기획서, 보고서를 쓸 일도 많아지지요. 좋아하는 사람에게 편지를 쓸 일도 생기고 말이에요.

우리가 즐겁게 보는 광고, 유튜브, 뉴스, 드라마, 예능 등 모든 콘텐츠들엔 대본이 있어요. 콘티라고도 하는데, 어느 분야든 글쓰기 능력이 필요해요. 인스타그램이나 페이스북에 사진과 글을 올리는 것도 마찬가지예요. 이왕이면 '좋아요'를 받고 싶고, '조회수'를 높이고 싶잖아요? 점점 '쓰기 능력'이 요구되는 시대랍니다. 그래서 글쓰기를 잘하고 싶다면, 글을 쓰는 데 자신이 없다면 일단 독서부터 시작하세요. 독서와 글쓰기는 연결되어 있답니다.

책을 읽으면, 읽는 동안 생각을 하게 돼요. 30분 동안 집중해서 읽으면 30분 동안 생각하게 되는 거예요. 책을 집중해서 읽다 보면 잡념이 치고 들어올 틈이 없어요. 생각하는 시간이 자연스레 길어지죠. 즉 사고력이 폭발하는 계기가 되는 거랍니다. 책을 읽다 보면 '나라면 이렇게 행동했을 텐데', '작가는 왜 저런 선택을 했을까? 쉬운 길도 있는데'라고 생각하며 읽게 되는데, 이런 생각들이 사고 능력을 키우는 방법이에요. 생각하는 시간이 많아지면 어떤 일을 결정할 때 신중하게 선택하는 습관도 갖게 되지요.

　책을 읽으면 또 어떤 점이 좋을까요? 생각해 보고 나만의 독서의
이유를 찾아보아요. 독서는 그냥 해도 유익하지만, 목표를 가지고 할
때 더 큰 힘을 발휘한답니다.

본인 또는 주변 사람들 중에 꾸준한 독서 습관으로 성공한 경험이 있다면

적어 보아요. 단, 인터넷 검색은 안 돼요. 나의 경험이 없다면 가족이나

친구, 선배에게 물어도 좋고, 책 속에서 사례를 찾아서 적어도 돼요.

(예) 옆집 친한 대학생 형은 1학년 때 낙제생이었는데, 군대 다녀와서 대학에
복학하고 2년 연속 장학생이 되었다. 그 이유를 물었더니 군복무 중에 100여
권의 책을 읽으면서 삶의 미래에 대해 고민하고, 왜 공부해야 하는지 방향성
을 찾을 수 있었다고 한다.

2

남들과는
다르게
계획하기

독서도 계획이 필요해

2012년부터 진로 진학 상담 교사로 근무하면서 책을 열심히 읽기 시작했어요. 도서관에서 빌려 보기도 하고 서점에서 구입해 책상에 앉아 읽어 나갔지요. 한두 페이지는 집중해서 읽는데, 시간이 지나면서 점점 집중이 안 되는 거예요. 눈으로는 읽어서 페이지가 넘어가는데, 작가가 무슨 말을 하고 있는지 잘 모르겠더라고요. 앞 페이지의 내용이 생각이 안 나서 다시 되돌아가 살펴보고 또 읽기를 여러 차례 반복했었던 기억이 나요.

처음엔 책 읽는 습관이 몸에 익지 않았다 보니 책 한 권을 읽는 데 한 달이 걸리기도 하고, 두 달이 걸리기도 하는 거예요. 이렇게 읽기에 집중하지 못하니까 수백 권을 읽어도 기억에 남아 있는 게 아무것도 없더라고요.

그때부터 선생님은 '기억에 오래 남는 책 읽기 방법'을 고민했어요. 서점이나 도서관에서 독서 방법 관련 책들을 찾아서 수십 권을 읽었고, 독서 고수들이 했던 방법들을 하나씩 실행에 옮겼지요. 근데 나에게 그 방법들이 잘 맞지 않는 거예요. 여러 독서 방법을 실천해 봤지만 계속 실패했어요. 여전히 집중이 안 되고, 책 읽기가 힘든 거예요.

그래서 왜 그런 걸까, 이유를 곰곰이 생각해 봤어요. 그랬더니 알겠더라고요. 절박함과 의지력이 부족했고, 계획과 목적 없이 책을 읽었던 거예요. 실패의 이유를 알게 된 이후로 독서 계획을 새롭게 짰어요. 먼저 독서하기에 가장 좋은 시간대가 언제인지를 생각해 보고, 매일 똑같은 시간에 읽어야겠다고 마음을 먹었지요. 그리곤 독서를 하루 시작의 루틴으로, 습관으로 만들기로 결정했어요.

독서를 통해 삶의 변화를 경험하고 싶다면, 우선 책과 친해져야 해요. 그리고 책을 어떻게 읽을 것인가 구체적으로 계획을 세우고, 매일매일 실천해야겠다는 마음가짐을 갖는 게 중요해요. 독서를 계획적으로 실행하기 위한 나만의 방법을 여러분에게 공유해 줄게요.

첫 번째, 책과 절친이 되는 거예요. 처음엔 어렵고 두꺼운 책들과는 좀 거리를 두는 게 좋아요. 선생님은 지금도 동화책이나 청소년 소설, 역사 소설, 옛이야기, 이솝우화 등을 즐겨 읽고, 좋아해요. 재미있거든요. 스토리가 있는 이야기책은 감동이 있고 교훈적이기도 하지만, 읽는 즐거움이 커요. 먼저 재미 위주로 책을 선택해 한두 권씩 친구를 만들어 보는 거예요. 이 책들에 정이 들면 그 다음 단계로 넘어가면 되지요. 쉽고 재미있는 책부터 시작하세요.

두 번째, 책이 나를 성장시킬 수 있다는 기대감을 갖는 거예요. 뭔가 기대감이 없으면 어떤 일이든지 하고 싶지 않잖아요. '책 읽기 정말 싫어' 하는 마음으로 읽거나, 부모님이나 학교에서 시켜서 읽으면 수천 권을 읽어도 아무 도움이 되질 않아요. 마음과 머리에 남는 게 없거든요. 나를 성장시킬 거라는 기대감, 나에게 즐거움이 될 거라는 기대감을 가져 보자고요.

세 번째, 시간을 만들어서 책을 읽는 거예요. 학생들이 어른들보다 바쁘다는 걸 선생님도 잘 알아요. 학생들에게 "요즘 책을 꾸준히 읽고 있는지" 물어보면 다들 읽을 수 없는 이유들이 있더라고요. 아침 일찍 일어나 등교해서 공부하고 학원까지 다녀오면 늦은 시간이 되는 걸 잘 알아요. 근데요, 잠들기 전 30분 정도는 시간을 만들 수 있잖아요. 침대에 누워도 바로 잠들지는 않으니까, 그때 유튜브 보지 말고 책 읽는 습관을 가져 보는 거예요.

수능 시험에서 만점 받은 학생들의 인터뷰 기사를 보면 매일 책을 읽었다고 말하는 친구들이 많아요. 이 학생들은 어려서부터 책 읽는 습관이 몸에 익숙해진 거예요. 모든 사람에게 똑같이 바쁜 24시간이지만, 그 중에 30분을 책 읽는 시간으로 만들어 보아요. 가족들에게 미리 말하는 것도 좋은 방법이에요. 그 시간만큼은 존중해달라는 의미죠.

네 번째, 읽을 분량을 정하는 거예요. 선생님은 하루에 60페이지 이상은 읽어요. 아무리 바빠도 이 분량은 반드시 읽고 하루를 끝마치죠. 1시간 정도 걸리는데, 읽는 분량을 정하는 이유는 습관으로 완성하기 위해서예요. 어떤 때는 더 많이 읽을 수도 있지만, 정말 바쁘고 힘들 땐 어려운 일이긴 해요. 그래도 60페이지는 꼭 읽겠다는 나와의 약속을 지켜요. 독서 계획에서 읽을 분량을 정하는 건 중요해요. 독서 시간을 30분 정도로 설정했다면, 여러분들이 30분 동안 몇 페이지를 읽는지를 미리 파악해서, 매일 그 분량만큼은 읽고 자는 거로 계획을 세워 보세요.

다섯 번째, 형광펜으로 표시하고 필사하는 거예요. 선생님은 책을 읽음으로써 암기력과 집중력이 향상되었다고 말했잖아요? 그 이유 중에 하나가 글을 읽으면서 형광펜으로 표시하고, 필사했기 때문이에요. 필사는 모든 내용을 적는 것이 아니라, 스스로 중요하다고 생각하는 문장이나 마음속에 담아 두고 싶은 문장을 노트에 정리하는 거예요. 숙제가 아니니까 좀 더 자유롭게 작성할 수 있겠지요. 책을 읽으며 형광펜으로 표시한 것을 노트에 적으면서 다시 한 번 책을 읽게 되는 거예요. 처음에는 독서 노트에 책의 내용을 그대로 적어요. 좀 더 익숙해지면 적으면서 느끼거나 생각한 것들을 아래에 추가로 적어 보세요.

필사의 과정은 공부할 때랑 많이 비슷해요. 교과서에서 중요한 내용을 노트에 요점 정리하고 시험공부할 때 그 노트를 활용하잖아요? 필사도 똑같은 역할을 하는 거예요. 중요한 문장을 필사해 두면 필요할 때 책을 다시 처음부터 읽지 않고 그 부분만 살펴봐도 요점이 정리되니까 훨씬 도움이 돼요.

여섯 번째, 서평을 작성해 보세요. 필사까지 습관으로 완성했다면, 한 달에 1회 정도는 서평을 쓰는 거예요. 읽는 단계에서 쓰는 단계까지 진화하는 거죠. 서평을 쓰려면 읽으면서 생각하고 느낀 것들을 정리해야 하는데, 이렇게 하다 보면 글쓰기 능력과 생각하는 능력을 동시에 단련할 수 있어요. 논술 준비할 때도 큰 도움이 되죠.

독서력을 키우려면 계획을 먼저 세우세요. 원래 책을 좋아한다면 굳이 계획을 세울 필요가 없겠지만, 책 읽기 습관이 아직 안 되어 있는 중학생이라면 습관이 완성되기까지는 계획을 세워서 그것대로 하는 게 중요해요. 꾸준하게 매일매일 책을 읽어 낼 수 있는 힘이 생기면 공부도, 학생부 세특도, 논술도, 생각하는 연습도, 진로 설정도 스스로 할 수 있는 자기주도적인 힘이 생겨요. 하루하루 실천할 수 있는 계획들을 성공한 경험이 쌓이면 자신감도 생기고, 자기 자신에 대한 만족감도 높아진답니다.

그리고 기회가 된다면, 다른 사람들이 쓴 서평을 찾아봐도 재미있을 거예요. 나와 같은 책을 읽고 다른 사람들은 어떻게 읽고 생각했는지 비교해 보는 재미도 크답니다. 서평을 쓰고 읽는 것도 독서의 즐거움을 크게 해 주어요.

독서하려고 계획을 세울 때는 주의할 것이 있어요. 절대 무리하면 안 돼요. 계획이 촘촘하다고 좋은 게 아니거든요. 그럼 쉽게 지칠 수 있어요. '작심삼일'이라는 말이 괜히 있는 게 아니에요. 정말 삼일 만에 끝날 수도 있어요. 어렵게 결심한 건데, 그렇게 금방 포기하면 속상하잖아요.

우선은 '한 줄 독후감' 써 보기부터 시작하면 좋겠어요. 본인의 SNS에 한 줄 서평을 적거나 또는 노트에 한 줄 서평을 쓰고서 사진을 찍어 게시물을 올려도 괜찮아요. 인터넷 서점엔 한 줄로 서평을 쓰는 공간도 있으니 활용해 보면 재미 있을 거예요. 꾸준하게 서평을 써서 SNS나 블로그에 인증 글을 올리는 건 지속적으로 책을 읽게 하는 동기부여가 된답니다.

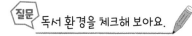 **질문** 독서 환경을 체크해 보아요.

문항		선택
1	책상과 책장이 잘 정리되어 있다.	YES NO
2	게임이나 텔레비전이 책 읽는 데 방해되지 않는다.	YES NO
3	공부나 독서할 때 스마트폰 전원을 끄거나 멀리 둔다.	YES NO
4	스스로 책 읽을 시간을 정해서 실천한다.	YES NO
5	가족이나 친구들과 어울리느라 독서에 방해받지 않는다.	YES NO
6	독서 시간이 되면 스스로 책 읽을 준비를 갖춘다.	YES NO
7	독서할 땐 절대로 먹지 않는다.	YES NO
8	가장 독서가 잘되는 나만의 장소가 있다.	YES NO

질문 독서 환경을 점검해 보아요.

"YES"를 선택한 개수는?

독서 환경 체크 결과를 바탕으로 자신의 독서 환경을 이야기해 봅시다.

(문제점, 개선할 것, 각오 등)

나에게 맞는
책 고르기 방법은?

 책을 빌리거나 구매할 때 어떻게 고르고 있나요? 베스트셀러 위주로 고르나요, 아니면 학교에서 추천한 책을 고르나요, 친구에게 추천받은 책을 고르나요, 제목을 보고 고르나요, 가장 분량이 적은 순으로 고르나요?

아마도 사람마다 책을 고르는 기준이 다를 거예요. 성인이라면 취향에 맞춰서 또는 필요에 따라 책을 골라도 크게 문제가 되지 않겠지만, 감수성이 예민한 중학교 시기에는 책을 고를 때 누군가의 도움을 받는 게 좋아요. 성인들이 봐도 잔인한 소설책이나 만화책은 인성 형성과 학업에 영향을 주기 때문이지요.

그리고 중학교 시기엔 책 읽는 습관을 기르는 게 먼저이기 때문에, 처음엔 만만해 보이는 책을 고르는 것도 괜찮아요. 꾸준하게 매일 읽을 수 있게끔 관심 위주로 책을 고르는 방법도 괜찮고요. 우선 책 읽는 습관부터 만들자고요.

오프라인 서점에 가서 책 내용을 앞부분이라도 조금 살펴보고 마음에 드는 책을 고를 수 있다면 참 좋겠지만, 시간이 별로 없지요. 그

래서 요즘엔 인터넷 서점이나 인터넷에서 책 정보를 검색해서 구입하다 보니 책 제목과 목차, 그리고 출판사가 제공한 정보 정도만 보고 선택해야 하는 경우가 많아요. 그래서 가끔은 막상 구입해 보니 내가 생각했던 책이 아니라서 다 읽지 않고 서가에 꽂아 두는 경우도 생기죠. 선생님은 그래서 이왕이면 가까운 도서관이나 서점을 찾아가서 직접 책을 앞부분이라도 읽어 보고 선택하길 추천해요.

사람마다 각자에게 맞는 책을 고르는 기준이 있겠지만, 오랫동안 책을 읽어 본 경험을 바탕으로 여러분에게 책 고르는 기준을 몇 가지 소개해 줄게요.

첫 번째, 공감을 일으키는 책을 읽으세요. 아무리 남들이 좋다고 추천하는 책이라도 나의 삶과 동떨어진 이야기들로 채워져 있다면 재미를 못 느끼죠. 청소년 문학이나 청소년을 대상으로 만들어진 책을 읽으면 도움이 될 거예요. 궁금했던 주제나 내 삶과 연결되어서 공감되는 내용이 담긴 책이면 끝까지 재미있게 읽을 수 있거든요. 예를 들어 황영미 작가님의 《체리새우: 비밀글입니다》는 교실에서 펼쳐지는 복잡하고 미묘한 학생들 간의 관계를 겪어 내는 중학생의 모습을 보여 주고 있어요. 학기 초엔 누구나 관계의 어려움을 겪게 마련이잖아요. 친구 관계의 소중함을 생각해 볼 수 있는 책이라 추천해요.

두 번째, 꿈과 희망의 메시지가 담긴 책을 읽으세요. 다른 사람이 나에게 이 책을 추천해 주는 이유가 긍정적인 메시지가 담겨서라면, 좋은 책일 확률이 높아요. 진로 분야 책이나 위인들의 이야기, 성공한 사람들의 평전을 읽으면 미래에 대한 꿈과 희망을 가질 수 있을 거예요. 《청소년을 위한 빅터 프랭클의 죽음의 수용소에서》는 극한의 상황에서 평범한 사람들의 마음과 행동이 어떻게 변하는지를 알 수 있어요. 절망 속에서도 희망을 찾아가는 작가를 통해 삶의 의미를 찾을 수도 있고요. 기회가 되면 꼭 읽었으면 좋겠어요.

세 번째, 바른 습관을 형성하는 데 도움이 되는 책을 읽으세요. 도덕적으로 긍정적인 가치관을 형성하는 데 도움이 된답니다. "세 살 버릇 여든까지 간다"는 속담이 있듯이, 사람의 습관과 인성은 하루아침에 이뤄지지 않거든요. 《장자, 아파트 경비원이 되다》는 중국 철학자 장자의 사상을 청소년들이 이해하기 쉽게 소설로 재구성했어요. 자유롭고 당당하게 살아갈 수 있도록 지혜를 주고, 사람이 올바르게 살아야 하는 이유와 긍정적인 가치관을 심어 주는 흥미진진하고 가슴 뭉클한 책이랍니다.

네 번째, 책의 내용이나 쓰인 언어들이 해당 연령층에 맞는 표현으로 쓰였는지 살펴야 해요. 내용이 폭력적이거나 인성에 부정적인 영향을 주는 내용이 많다면 청소년들이 읽기에 부적절한 책이에요. 수준에 맞는 책을 골라 읽어야 도움이 된답니다. 성인을 대상으로 한 책들을 읽을 때도 내가 모르는 단어나 표현들이 많다면, 그것을 억지로 읽어 내려고 애쓰지 말고, 나중에 더 커서 이해될 때 읽어도 되니까 잠시 내려놓고 다른 책을 선택하세요. 자신의 수준에 맞는 책을 골라 읽어야 책 읽는 즐거움을 경험할 수 있어요. 《나다움 쫌 아는 10대》는 청소년들에게 생각하는 방법을 알려 주는 책이거든요. '내가 먼저일까, 친구가 먼저일까?'라는 재미있는 질문에 철학자 데카르트와 레비나스는 어떻게 생각하는지를 비교하는 즐거움을 느낄 수도 있어요. 어려울 수 있는 철학자들의 이야기를 청소년들이 쉽게 읽을 수 있도록 라이벌 구도로 구성한 정말 좋은 책이랍니다.

다섯 번째, 정확한 지식과 정보를 제공하는 책을 선택해요. 특히 인문이나 사회과학 지식을 알려 주는 책을 선택할 땐 책 속의 정보가 최신의 것이고, 정확한 정보가 수록되어 있는 책을 고르세요. 도서관에서 추천하는 도서 목록을 참고하면 도움이 된답니다. 가령 풀빛출판사에서 출간 중인 '과학 쫌 아는 10대' 시리즈는 여러 학교와 도서관에서 추천을 많이 받은 청소년 지식 교양서예요. 좋은 청소년 시리즈는 잘 기억해 두었다가 기회가 되면 관심 있는 주제를 골라서 읽어 보면 좋아요.

여섯 번째, 스테디셀러 중에서 골라 읽으세요. 베스트셀러를 읽는 것도 좋지만, 베스트셀러가 다 좋은 책이라고 말할 수는 없어요. 하지만 꾸준하게 독자에게 선택받고 사랑받은 스테디셀러는 좋은 책일 확률이 높아요. 《논어 필사노트》, 《명심보감 필사노트》는 청소년들이 꼭 알아야 할 고사성어를 중심으로 옛 성현들의 말씀을 배울 수 있는 도서들이에요. 시대를 불문하고 인간이 갖춰야 할 덕목들을 제시해 주는 책이 좋아요.

일곱 번째, 학교 공부와 연결된 책을 고르면 실패하지 않아요. 각 교과목과 연계되어 있는 책을 읽는다면 학교 공부하는 데 도움이 되지요. 역사 수업 시간에 이해가 되지 않고 암기하는 것이 힘들다면 《청소년을 위한 한국사》 등 역사 이야기를 청소년 눈높이에서 설명한 책을 읽으면 도움이 돼요. 사회 과목 공부를 하다가 경제에 대한 내용이 이해가 잘 되지 않는다면 《세상에서 가장 쓸모 있는 경제학》처럼 청소년용으로 집필된 책을 읽으면 도움이 돼요. 학교에서 배우는 과목과 연결된 책을 선택해서 읽으면 꼭 알아야 할 용어나 활용이 외우지 않아도 쉽게 이해되어서 성적 올리는 데 도움을 받을 수 있답니다.

여덟 번째, 고전 작품을 읽어 보아요. 오랫동안 수많은 사람들이 양서(良書, 내용이 교훈적이거나 건전한 책)라고 추천한 책들은 청소년용으로 재구성해서 출판되고 있거든요. 처음엔 어렵게 느껴지겠지만 그래도 조금씩 읽다 보면 그 속에서 오래전부터 전해져 내려온 삶의 가치를 발견할 수 있어요. 요즘엔 고전 작품들이 영화로 제작되었거나 영상으로 설명해 주는 콘텐츠들도 있으니, 책 내용이 이해가 되지 않는다면 설명해 주는 영상을 먼저 보고 나서 책을 읽으면 쉽게 이해가 될 거예요.

요즘은 전자책도 많이 출간되고 있어요. 매일 출간되는 수많은 책들 중에 나에게 맞는 책을 처음부터 잘 선택한다는 건 쉽지 않아요. 하지만 위에서 추천해 준 선택 기준을 참고해서 책을 골라 읽으면 도움이 될 거예요.

만약에 초등학생 때부터 책 읽는 것을 싫어해서 독서 수준이 완전 초보라면 먼저 교과서와 연계된 주제의 책을 골라서 읽으면 도움이 돼요. 가령, 국어 교과서에 수록되어 있는 문학 작품을 먼저 읽는 거예요. 대부분의 학교마다 도서관이 있고 사서 선생님이 계시니까, 선생님에게 여쭤보고 추천받은 책부터 읽는 방법도 좋아요. 평소에 책을 많이 읽는 학생이라면, 재미있게 읽었던 책의 작가가 쓴 다른 작품을 찾아서 읽어 보는 것도 재미있는 독서 방법이랍니다.

독서 계획은 남들과 똑같지 않아도 돼요. 그리고 최대한 단순하게 짜세요. 할 수 있는 계획을 세워서 실천하는 것이 중요한 거예요. 또한 오늘의 일을 내일로 미뤄서는 안 된다는 의지를 가지고 매일 읽기에 도전해야 합니다. 책 읽는 것이 습관으로 굳어진 이후에 좀 더 두껍고 어려운 책에 도전해도 됩니다.

독서 습관을 만들기 위한 나만의 책 선택 기준을 만들어 볼까요?

(앞에서 설명한 책 선택 기준을 일부 참고해서 작성해도 됩니다.)

나만의 책 선택 기준 정하기
1
2
3
4
5

질문 나만의 선택 기준에 맞춰서 내가 읽고 싶은 책을 5권만 골라 볼까요?

	책 제목	저자명	출판사	선정 이유
1				
2				
3				
4				
5				

책 읽을 시간과 장소 확보하기

어느 토요일 아침의 일이에요. 여러 작가님들과 함께 써서 출간한 책의 북 콘서트 때문에 6호선 지하철을 타고 합정역으로 가던 중이었어요. 토요일이라 지하철이 한산하더라고요. 빈 좌석이 군데군데 보였지만 약수역에서 합정역까지 20여 분 정도 걸리는데, 운동 삼아 서서 가기로 했지요.

스마트폰을 주머니에 넣고 작은 가방에서 책을 한 권 꺼냈어요. 도서관에서 대출 받은 《자존감 생각법》이라는 책이었죠. 기둥에 몸을 기대고 책을 펴서 읽기 시작했어요. 내용이 그리 많지 않아서 페이지가 잘 넘어가더라고요. 책 읽기에 몰입하다 보니 후딱 시간이 흘렀고, "다음 정차역은 합정역입니다"라는 안내 방송이 나와서 책을 가방에 넣고 내릴 준비를 했어요. 짧은 시간이지만 53페이지나 읽었더라고요. 평소보다 많이 읽었어요.

대중교통을 이용하는 날이면 작은 가방에 책 한 권, 볼펜 한 자루,

메모장을 챙겨요. 지하철 안에서 스마트폰을 보기보다는 책을 읽으려고 하거든요. 이렇게 틈날 때 읽는 독서를 '틈새 독서' 또는 '틈틈이 독서'라고 하지요. 카페에서 친구를 기다리면서도 읽고, 영화관에서 상영 시간을 기다리면서도 읽어요.

뇌과학자들이 말하길, 뇌는 일상을 그대로 따라 움직인다고 해요. 새벽 3시 30분에 일어나서 책 읽는 걸 습관화하면 뇌는 알고서 그때부터 움직인다는 거예요. 하루 10분을 읽든, 아니면 한 시간을 읽든 시간을 정해서 읽어야 뇌가 자신의 주인 스케줄에 맞춰서 저장해 넣는대요. 뇌는 항상 몸이 어떻게 움직여야 하는지 기억하고 있거든요.

책 읽을 시간이 없다고 말하는 학생들이 많아요. 바쁘니까 그렇겠죠. 핑계가 아니라, 공부하면서 책 읽을 시간을 확보하기가 정말 쉽지 않은 건 맞아요. 하지만 중학생 때가 그나마 시간이 있는 거예요. 고등학생이 되면 그땐 지금보다 공부할 양이 더 많아지고, 과목도 많아져서 더 독서할 시간을 만들기가 어려워요. 선생님이 지하철에서 만난 어떤 학생의 이야기를 해 줄게요.

고등학교 교복을 입은 학생이 지하철 안에서 책을 꺼내 읽자, 옆에 앉아 있던 다른 고등학생이 문제집을 꺼내 공부하기 시작하는 거예요. 그리고 잠시 후에 그 옆에 앉아 있던 여대생과 회사원도 책을 꺼

내 읽더라고요. 선생님이 앉은 지하철 칸 모든 사람이 서로 약속이나 한 듯이 책을 읽는 풍경이 연출된 거예요. '도미노 효과'라는 것이 실제로 일어난 거죠.

너무 바빠서 학교나 가정에 책을 읽을 시간이 없다면 그 학생처럼 이동하는 대중교통 속이나, 친구를 기다리면서 또는 학원 수업 시작 전에 한두 페이지라도 읽는 게 하나의 방법이에요. 매번 버스 안이나 지하철 안에서 스마트폰을 만지작거리고 있다면 오늘부터는 스마트폰을 가방 깊숙이 넣어 놓고 책을 꺼내 봐요. 조금은 나 스스로에게 만족스러운 느낌이 들지도 몰라요. 그러려면 집을 나설 때 책 한 권은 필수로 챙겨야겠지요. 시집 같은 작고 가벼운 책도 좋아요.

광화문에 있는 교보문고에 가 본 적 있나요? 주말엔 수많은 사람들이 서서 또는 서가 옆이나 바닥에 앉아서 책 읽는 모습을 볼 수 있어요. 길에서 서점으로 내려가는 입구쪽 계단에는 앉아서 책을 읽을 수 있도록 공간도 마련했더라고요. 사람들이 걸어 다닐 수 있는 길만 일부 남겨 놓고 계단에 책 읽는 사람들로 가득한 모습을 종종 보게 돼요. 선생님 지인 중에는 안양에 사는 사람이 있는데요, 학창 시절에 다양한 책을 읽고 싶어서 주말마다 지하철을 타고 광화문에 있는 교보문고로 가서 하루 종일 책을 읽었다더라고요. 어느 날 그 지인 집에 가 봤더니 작은 방에 책이 가득한 거예요. 오랫동안 모아 둔 거죠. 그 지인도 선생님처럼 주말엔 지하철과 서점에서 틈틈이 책을 읽는다고 해요. 약간의 소음이 오히려 책에 집중하게 만들어 준대요.

요즘에는 취미로 삼을 만한 재미있는 것들이 너무 많아서인지, 바빠서인지 점점 책을 읽지 않는 경향이 있어요. 유튜브 중에는 책을 요약해서 읽어 주는 채널도 많으니까, 그것에 도움을 받아도 괜찮아요. 선생님도 가끔 그런 책 소개 영상을 보는데요, 그러다 관심이 생기는 책은 도서관에서 빌려 읽거나 구입해서 읽어요. 그러면 영상으로 책을 예습했기 때문에 더 쉽게 읽힌답니다. 요즘엔 전자책이나 오디오북도 많이 출간되고 있으니 참고해 보길 바라요. 이때 주의할 점은, 책 소개 영상만 보고 책을 읽지 않으면 아무 소용이 없다는 거예요. 머릿속에 남지 않거든요. 음료수 광고만 보고 먹어 보지 않으면 그 맛을 알 수 없잖아요? 마찬가지예요. 직접 읽어야 맛을 알아요.

나에게 딱 맞는 책 읽을 시간과 장소를 꼭 정하세요. 24시간 중에서 집중이 가장 잘 되는 때를 파악해서 틈틈이 독서를 하면 효율적으로 시간을 활용할 수 있어요.

오늘부터 외출할 때 가방에 책과 필기도구를 챙기는 습관을 가져 보자고요!

질문 책 읽을 시간을 확보해 보아요. (매일 꾸준하게 틈틈이 읽을 수 있는 시간을 체크)

항목	체크 (O,X)	확보시간
(예시) 등교 전	O	30분
아침 등교 전		
아침 자습 시간		
학교 쉬는 시간		
점심 시간		
대중교통 (지하철, 버스)		
저녁 시간		
잠들기 전 시간		
(기타)		
나의 책 읽을 시간은 총 얼마인가요?		(분)

질문 책 읽을 시간을 확보했으면 어떤 마음으로 읽어야 할지 각오 한마디 적어 보아요.

내가 하루 중 책을 읽을 수 있는 시간은?
책 읽을 시간에 제거해야 할 방해 요소는?
틈틈이 독서를 위한 각오 한마디

나에게 맞는
독서 방법 찾기

코로나19 확산 이후로 온라인으로 하는 독서 모임이 늘어나면서, 전국 어디에서나 마음만 있으면 누구나 참여할 수 있게 되었어요. 독서 모임의 영역도 다양해져서 스스로에게 맞는 독서 모임을 선택할 수 있기도 하고요. 선생님이 참여하는 독서 모임에 고등학생이 참여한 적이 있어요. 정말 열정적으로 책을 읽더라고요. 함께하는 사람들에게 자극도 되고, 여러 가지 도움을 줄 수 있어 좋았어요.

물론 중학생에게 맞는 독서 모임을 찾기가 어려울 수 있어요. 그러면 학교에서 독서 모임을 만들거나 또는 도서관 선생님께 부탁해서 책 읽는 동아리를 만드는 것도 좋겠다는 생각이 들어요.

책을 읽을 때 나에게 맞는 방법을 찾으면 독서가 더 즐거워져요. 요령을 부리거나 시간과 수고를 줄여 보자는 뜻이 아니에요. 내 안에 나를 살피고, 돌보고, 이끌고, 채찍질하는 독서가 될 수 있도록 방법을 찾아보자는 거예요. 서점이나 도서관에 가 보면, 아마도 독서법과 관련된 책들이 수 백 권은 될 거예요. 하지만 그 많은 책들을 다 읽을 수는 없으니까, 선생님이 지금부터 '나에게 맞는 독서법'을 찾을 수 있도록 다양한 독서 방법을 알려줄게요.

서당에서 학생들이 큰 소리로 책 읽는 모습을 드라마에서 본 적 있나요? 어릴 적에 선생님도 엄마한테 칭찬받고 싶어서 큰소리로 읽는 독서법을 많이 했던 것 같아요. 물론 처음엔 떠듬떠듬 읽었는데, 나중엔 자신감이 생기니까 점점 빠르게 읽게 되더라고요. 요즘도 책을 읽다가 딴생각이 들면 소리 내어 읽곤 해요. 학교에서 영어 공부할 때도 그 방법을 많이 썼던 것 같아요. 소리 내어 읽으면 집중이 잘 되고 기억도 더 잘 되거든요.

영국 서섹스대학교의 연구진에 따르면, 독서를 시작하고 6분이 지나면 심박수가 안정되고 근육의 긴장도 풀린다고 해요. 그래서 책만 읽으면 '졸립다'는 사람이 많은 거예요. 선생님도 가끔 머릿속이 복잡하고 잠이 안 오면, 좀 어려운 책을 꺼내 읽어요. 그러다 잠든 적이 몇 번 있거든요. 꽤 도움이 되곤 해요. 그와 반대로, 어떤 경우엔 잠들기 전에 책을 읽으면 가끔 책 속의 장면이 꿈으로 나타나기도 해요. 신기하게 재미있게 읽은 책은 아침에 일어나서도 그 내용이 떠오르더라고요. 요즘에 선생님이 잘하는 잠들기 전 독서법이에요.

　주변에 보면 말을 유창하게 잘하는 친구가 있을 거예요. 어떤 친구들은 공부할 때도 조용히 혼자 공부하는 게 아니라, 다른 사람과 대화하고 소통하면서 공부하는 것을 즐기는 친구들이 있어요. 이런 친구들은 독서도 혼자 읽고 마는 게 아니라, 안 읽은 다른 사람들에게 그 내용을 재미있게 이야기해 주는 걸 즐겨요. 그걸 듣다 보면 나도 책을 구입해서 읽어 보고 싶은 마음이 들 정도로 말이죠. 유튜브나 SNS에도 보면, 사람들에게 좋은 책을 소개하는 걸 즐거움으로 여기는 사람들이 있어요. 나 혼자만 읽고 끝내는 것이 아니라 다른 사람에게 추천하면 오랫동안 머릿속에 남아요. 책에 대해서 설명해야 하니까 꼼꼼하게 읽게 되거든요. 이러한 방법을 추천하는 독서법이라고 이름 붙여 볼게요.

　요즘에는 만화로 만들어진 교양서도 많아요. 초등학생부터 중학생에 이르기까지, 이런 책들은 책장이 빠르게 넘어가니까 인기가 많은 것 같아요. 도서관에 가 보면 그런 책들은 손때가 잔뜩 묻어 있더라고요. 요즘은 글자책 읽기를 싫어하는 어린 친구들이 참 많구나 하고 새삼 깨달았어요.

도서관에서 읽을 책을 고르고 있던 어느 날, 한 학생이 책 읽는 모습을 바라봤더니 빠르게 책장을 넘기더라고요. 그래서 조용히 다가가 물어봤어요. "글자는 읽고 책장을 넘기는 거니?" 그랬더니 아이가 뭐라고 대답한 줄 알아요? "그림만 봐도 대충 무슨 내용인지 알아서 만화만 봐요"라는 거예요. 그래서 책의 내용을 물어봤더니 대답을 곧잘 하더라고요. 이미 여러 번 읽은 책이었던가 봐요. 이런 학생은 다행인데, 책 내용을 자세히 안 읽고 그림만 휘리릭 대충 보는 친구들이 간혹 있어요. 그 친구들에겐 그림과 글을 연결해서 읽는 독서법을 추천할게요.

　시험공부를 하려고 교과서에 연필로 한 글자 한 글자 설명을 적거나 밑줄을 그어 본 적이 있나요? 책을 읽을 때도 그러한 방법을 쓰는 친구들이 있어요. 눈으로 텍스트를 읽으면서 손가락으로도 짚어 가며 읽는 거죠. 연필로 꼼꼼하게 표시하면서 읽는 경우도 있고요. 이 방법의 장점은 오래 걸리더라도 꼼꼼하게 한 글자도 놓치지 않고 읽을 수 있다는 점이에요. 줄치고 메모하며 읽는 독서법이지요. 이 방법의 한 가지 단점은, 너무 많이 줄을 쳐 놓으면 나중에 다시 책을 볼 때 중요한 것을 바로바로 찾을 수 없다는 점이에요. 그러니까 기왕이면 밑줄을 그을 땐 형광펜을 사용하길 추천해요.

빠르게 읽기(속독)는 글자 하나하나를 읽는 게 아니라 한 페이지를 사진 찍듯이 읽는 거예요. 책의 내용을 그대로 복사해서 뇌 속에 이미지 형식으로 저장하는 거죠. 선생님은 이 방법이 쉽지 않더라고요. 몇 번 시도해 봤다가 실패했어요. 또 다른 방법은 안구를 빠르게 굴려서 짧은 시간 내에 많은 내용을 읽는 거예요. 그리고 필요한 부분만 기억에 남기는 거지요. 이러한 빠른 속도로 읽는 독서법은 꾸준하고 체계적인 훈련이 필요해요. 익숙해지면 남들보다 서너 배 빠르게 책을 읽을 수 있는 방법이라서 동일한 시간에 남보다 많은 정보를 처리할 수 있어 좋아요. 속독 훈련을 하다 보면 집중력과 학습 효과를 높일 수 있어서 좋기도 하고요. 하지만 모든 책을 이렇게 읽는 건 좋은 방법이 아니에요. 그리고 속독에서 가장 중요한 것은, 얼마나 빠르냐보다 얼마나 정확하게 기억하느냐라는 점이랍니다.

책은 많이 읽기(다독)도 중요하지만, 특히 중학생 때는 여러 번 읽는 독서법을 권하고 싶어요. 청소년 시기엔 좋은 책을 반복해서 읽고, 책 내용을 다르게도 해석해 보고, 책과 소통하면서 자신의 영양분으로 만들어 가야 하는 때예요. 이러기 위해서는 하나의 책을 여러 번 읽어야 도움이 돼요. 200~300페이지 되는 책을 한 번 읽기도 힘든데 여러 번 읽으라고 하니 싫은가요?

좋은 책은 처음 읽었을 때와 여러 번 읽었을 때 서로 다른 깨달음을 얻게 돼요. 처음 읽을 때는 줄거리를 파악하는 데 온통 정신을 집중한다면, 두 번째부터는 좀 여유가 생기죠. 스토리를 이미 알고 있고, 책속에서 일어나는 인물 간의 대화와 갈등 구조 등을 아니까 작가에게 질문하고 싶은 것들이 생각나게 돼요. 생각이 깊어지는 거죠.

선생님도 요즘에는 반복해서 읽어야겠다는 필요성을 느껴서 책장에 있는 책들을 다시 읽기 시작했어요. 두 번, 세 번 읽으니까 보이지 않았던 내용들도 보이고, 줄거리를 재구조화할 수도 있겠더라고요. 책을 여러 권 읽었다고 자랑할 게 아니라, 한 권이라도 제대로 여러 번 읽으라고 권하고 싶어요.

독일의 철학가 쇼펜하우어는 《문장론》에서 "독서는 사색의 대용품으로 정신에 재료를 공급할 수는 있어도, 우리를 대신해서 저자가 사색해 줄 수는 없다는 점을 기억해야 한다"라고 말했어요. 즉, 독자 스스로가 자기가 주체가 되어 생각하며 읽는 독서법이 중요하다는 거예요. 남이 풀어 놓은 해석이 아니라 스스로가 느끼고 깨달은, 자기만의 주체적인 해석이 필요하다는 거죠.

독서 초보자라면 짧은 문장과 그림으로 만들어진 그림책을 읽어 보세요. 수준에 맞게 읽는 독서법은 중학생이지만 초등학생용 책에서 골라 읽든지, 좀 더 쉽고 편하게 읽을 수 있는 책으로 시작하는 방법이에요. 처음에는 10분, 20분 등 짧게 시간을 정해서 읽으면서 독서 시간이 지루하지 않다는 인식을 만들어야 하거든요.

책을 읽다 보면 모르는 단어들이 나올 때도 있을 거예요. 그땐 그냥 지나치지 말고 꼭 사전을 찾아서 용어를 이해하며 읽는 독서법을 해 보아요. 용어의 뜻을 찾아서 책에 적어 두거나 노트를 만들어서 적어 두면 도움이 된답니다. 그러한 작업이 반복되면 다양한 책을 읽으면서 어휘력과 문해력을 향상시킬 수가 있겠지요.

작가가 말하고자 하는 이야기와 자신의 생각을 적고, 저자의 주장에 대해서 반론을 작성해 보아도 좋아요. 즉 비판적으로 읽는 독서법이지요. 본문을 읽기 전에 책의 서문이나 목차를 살펴보고 본문을 순차적으로 읽으면서 노트에 저자의 생각과는 다르게 생각하는 부분이 있다면 메모하고 자기 생각을 적어 보아요. 그 작업이 익숙해지면 읽은 책 내용을 요점 정리해 보는 것도 좋아요. 여기서 좀 더 발전시키려면 친구나 주변 사람들과 독서 모임을 만들어 독서 토론을 해 봐도 즐겁지요.

　　선생님이 소개해 준 방법 중에 하나를 골라도 좋고, 책마다 다른 방법을 시도해 보아도 좋아요. 그러다 보면 나만의 독서 방법을 가질 수 있을 거예요. 수십 권, 수백 권을 얼마 기간 안에 다 읽고야 말겠다고 독서 계획을 세우는 것보다, 단 한 권이라도 깊이 있게 읽고 자신의 영양분이 되게끔 독서 계획을 세우는 게 중요해요. 그러려면 나에게 맞는 최고의 독서 방법을 찾는 게 필수겠죠?

나는 책을 어떻게 읽는지 점검해 보아요. (중복 체크 가능)

	나는 어떻게 책을 읽고 있나요?	체크(O)
1	흥얼흥얼 소리 내어 읽는다.	
2	눈으로만 읽는다.	
3	재미없는 부분은 뛰어넘으면서 읽는다.	
4	만화가 있으면 그림만 읽는다.	
5	단어 하나하나 생각하면서 읽는다.	
6	빠른 속도로 읽어 나간다.	
7	재미있는 책이어도 한 번 이상 읽지 않는다.	
8	두 번, 세 번 반복해서 읽고 또 읽는다.	
9	책이나 노트에 메모하면서 읽는다.	
10	음악을 들으면서 읽는다.	
11		
12		
13		

체크한 위의 항목 중에서 3개를 골라 독서한 후에 어땠는지 적어 보아요.

선택한 책 읽기 방법	독서 후에 기억에 남는 것이 무엇인지 적어 보아요.
1	
2	
3	

얼마만큼 읽어야 도움이 될까?

"책을 많이 읽어야 한다"는 말을 그동안 정말 많이 들으며 살아왔어요. 어려서는 부모님께 들었고, 학교 다니면서는 선생님께 들었지요. 성인이 되어도 독서는 매우 중요하다는 이야기를 듣게 돼요. 어쩌면 죽을 때까지 평생 들을지도 몰라요.

그동안 어른들은 독서가 중요하다고 말하면서도 얼마만큼 읽어야 하는지에 대해서는 알려 주지 않았던 것 같아요. 여러분은 어떻게 생각해요? 얼마나 읽어야 도움이 될까요?

혹시 어릴 적에 학교에서나 도서관에서 다독상을 받았던 경험이 있나요? 선생님이 사는 동네의 작은 도서관에서는 도서 대출을 많이 한 사람에게 뭔가 혜택을 주는 것 같더라고요. 저와 친한 학교 도서관 담당 선생님은 학생들에게 1년에 몇 권 읽으라고 목표치를 정해 주고, 그것을 달성한 친구에게는 선물을 주시더라고요. 그런 걸 보면 책을 많이 읽는 게 권장할 만한 일이긴 한가 봅니다.

하지만 읽을 책의 수량을 정해 놓으면, 목표를 달성하는 것에 진심인 학생들이야 목적 달성을 위해 즐겁게 노력하겠지만, 대부분의 사람들은 스트레스를 받아요. 책 읽기가 즐거운 취미생활이 아니라 의무적으로 해야 하는 숙제가 되어 버리는 거죠. 학교에서 독서나 독후감을 방학 숙제로 내 준 것도 원래 의도는 좋은 책을 가까이하면 좋으니까 그런 거겠지만, 대부분의 학생들은 그 좋은 의도보다는 숙제라는 사실만 기억하잖아요? 이런 일이 반복되면 독서를 부담스러워하고, 책과 점점 멀어지게 되는 결과만 얻어요.

그럼 책을 얼마만큼 읽어야 삶에 도움이 될까요? 선생님이 해 주고 싶은 이야기는, "정답이 없다"예요. 얼마나 많이 읽느냐보다 무엇을 어떻게 읽느냐가 더 중요하거든요. 도서관에 꽂힌 그 수많은 책들을 다 읽을 수는 없잖아요. 책을 읽는 목적은 사람마다 다르기 때문에 얼마나 읽어야 하는지도 사람마다 다르답니다.

예전에는 나이스 생활기록부의 독서 기록란에 책을 읽고 느낀 점을 적게 했었는데, 요즘은 책 제목과 저자 이름만 적게 되어 있어요. 고등학교 진학이나 대학교 입시에서도 독서 기록을 따로 적지는 않아요. 만약 독서를 중요하게 생각하는 면접관이라면 면접 볼 때 물어볼 수 있겠죠. 그때도 책 속에 있는 지식을 물어보는 것이 아니라, 책을 읽고 삶에 어떠한 변화가 있었는지를 물어볼 거예요.

대학교를 졸업하고 취업할 때도 마찬가지예요. 책을 얼마나 많이 읽었는가를 묻지 않고, 책 속에서 무엇을 느끼고 그 느낌을 실생활에 어떻게 적용하면서 살아왔으며, 앞으로 어떻게 살 것인지를 물어볼 거예요.

선생님은 독서 모임에 참여하고 있는 중인데요, 일주일에 한 권을 읽는 것이 목표죠. 그 모임에서 약 2년 동안 자기계발서 위주로 책을 읽었더니 얼마 전부터는 청소년 문학과 고전문학에 도전하고 싶더라고요. 그래서 지금 참여하고 있는 독서 모임을 계속 다녀야 할까, 그만둬야 할까 고민이 생기는 거예요. 같은 분야의 책을 꾸준히 읽다 보니 '이 분야는 그만 읽고 싶어'라는 생각이 들더라고요. 그럴 때는 다른 분야에 눈을 돌려 보는 것도 좋아요. 그래야 흥미를 잃지 않고 책 읽는 습관을 계속 유지할 수 있거든요.

독서를 권하는 사람들 중엔 독서의 목적을 가지고 읽으라는 사람도 있고, 그냥 닥치는 대로 읽으라는 사람도 있어요. 선생님은 목적을 가지고 있는 것이 좋다고 생각해요. 여기서 목적은 꿈을 찾는 독서, 진로와 목표에 도달하기 위한 독서, 성적을 높이기 위한 독서(학습 독서) 등 나만의 목적을 정해 두고 읽는 것을 의미해요.

목적을 가지고 꾸준히 읽기 위해서는 자기 나름대로의 기준을 가져야 돼요. 내가 입학하고 싶은 어느 대학교에서 꼭 읽어야 된다고 추천한 도서 목록이나, 어느 기관에서 꼭 읽어야 한다고 추천한 책들이 있는데, 이걸 읽어야 할지 말지 고민이죠? 아직 나름의 취향과 책을 고를 능력이 없다면, 그래서 어떤 책을 읽어야 할지 모르겠다면 이런 목록을 참고해서 독서 목표를 세우세요. 그러다 조금씩 책과 가깝게 되면, 본인 스스로 읽을 목록을 정할 줄 알아야겠지요.

세상에는 다양한 책들이 매일마다 쏟아져 나오고 있어요. 베스트셀러와 추천 도서도 있지만, 재미있고 아름답고 상상을 자극하는 신기한 책들도 정말 많아요. 그러니 추천 도서가 재미없고 싫다면, 스트레스 받지 말고 내가 즐겁고 재미있게 생각하는 분야의 책을 찾아 읽으면 돼요.

여러분이 마음껏 책과 만나고, 사랑하고, 또 증오하면서 자연스러운 관계를 만들어 갔으면 좋겠어요. 독서를 하루 종일 하라는 게 절대 아니에요. 시간 날 때만 읽어도 돼요. 학교 공부를 모두 마치고, 학원 수업도 마치고, 숙제도 끝낸 후에 쉴 때, 또는 잠들기 전에 읽으면서 하루의 일과를 마무리해 보자는 거예요.

특히 나의 할일을 다 하지 않고 독서하는 건 정말 추천하지 않아요.

시험 기간에 하는 독서, 수업 시간에 하는 독서는 어리석은 딴짓일 뿐이에요. 그리고 다음날의 컨디션을 망치는 밤새 읽는 것도 절대 도움되는 독서가 아닙니다.

남들과는 다른, 나만의 독서 계획표를 세워 보아요.

나만의 독서 계획
1. 이번 주에 읽을 책 목록은?
2. 매일 꾸준히 책 읽을 시간은 언제?
3. 어디에서 읽을까?
4. 읽을 방법은?
5. 다 읽은 후엔 무엇을 할까?

3

중학생이
따라 하기
좋은 방법들

수능 고득점자의
독서법

열심히 공부하는 아이들에게서 이런 말을 들으면 선생님은 너무 마음이 아파요.

"선생님, 이번엔 정말 시험공부 열심히 했거든요. 근데 성적이 오히려 떨어졌어요."

오랜 시간 책상에 앉아 공부하는데도 성적이 잘 오르지 않는 우리 반 아이들에게 선생님은 매일 일정한 시간에 책을 읽으라고 권하고 있어요. 그러면 아이들은 시험이랑 공부랑 무슨 상관이 있냐고 입을 삐죽거려요. 그런데 이런 처방을 하는 데는 다 이유가 있답니다. 독서는 학교 성적과 밀접하게 관련이 있거든요.

2020년 대학수학능력시험에서 만점을 받은 J고등학교에 다니는 S군은 방송사와의 인터뷰에서 "고등학교 3년 동안 매일 아침 1시간 독서가 도움이 됐다"고 말했어요. 학교 등교 시간이 오전 7시 50분인데, S군은 3년 내내 오전 7시나 그 전에 등교해서 1시간 가량 독서하고 공부를 시작했더라고요. 소설을 포함해서 다양한 분야의 책을 읽었 대요. S군은 아침에 몸 풀기로 책을 읽었던 것이 수능 문제 푸는 데 도움이 된 것 같다고 말하면서 나름의 만점 비결을 말해 주었지요.

중학생들이 가장 당황할 때가 언제인지 알아요? 처음에 성적을 받았을 때예요. 나름 초등학교 때 공부를 잘한다고 칭찬받았던 학생일수록 성적이 확 내려가면 부모님도 아이도 크게 충격을 받지요.

그 충격이 한 학기만으로 끝나면 다행인데, 어떤 학생은 오랫동안 성적이 오르지 않아서 고생하는 경우도 꽤 있어요. 성적 급상승이 의외로 쉽지 않거든요. 내가 공부할 때 다른 친구들도 열심히 하니까요. 초등학교 때처럼 과목이 많지 않으면 하루 이틀 바짝 공부해서 따라잡을 수 있지만, 중학교 때부턴 벼락치기로 공부하거나 문제집만 열심히 푼다고 절대로 성적이 오르지 않아요. 교과서를 읽고 원리를 이해하고 외우려면 오랜 시간 앉아서 집중하는 훈련이 필요한데, 그건 하루아침에 만들어지는 자세가 아니거든요.

성적이 좋은 친구들의 공통점은 뭔지 아나요? 기억력과 문해력, 그리고 암기력이 좋다는 거예요. 이것은 어느 날 갑자기 생겨나는 능력이 아니에요. 꾸준히 뇌를 훈련 시켜야 성과가 나타나는 능력이랍니다. 뇌를 자극하고 훈련하는 가장 좋은 방법이 바로 책을 읽는 거예요.

선생님은 책 읽기에 빠져들기 전까지는 암기력과 기억력이 좀 약했답니다. 집중력도 약하고 산만해서 맨날 뭘 찾는 데 시간을 꽤 보냈어요. 그런데 매일 새벽 시간에 일어나서 꾸준히 책을 읽었더니 기억력과 산만함이 좋아진 걸 요즘 많이 느껴요. 암기력도 책을 읽으며 집중력이 생기다 보니 많이 좋아졌고요.

매일 책 읽기를 하면 책 내용을 요약하고 분석하는 연습도 익숙해지니까 공부에 확실히 도움이 돼요. 그러다 보니 새로운 걸 배우고 익히는 것에 대해서도 두려움과 걱정이 줄어들고요.

우리도 수능 고득점자처럼 공부를 잘하기 위해 독서 방법을 배워 보는 건 어때요? 지금부터 하나하나 살펴보고 따라해 봅시다.

첫째, 독해력을 기르기 위해 다양한 분야의 책을 읽어요. 중학생이 되면 학습량이 많아져서 읽고, 쓰기 능력이 떨어지는 학생들이 많은데요, 그러다 보면 공부에 흥미를 잃게 돼요. 어려서부터 꾸준하게 독서 습관을 가진 아이들은 대체로 언어 능력이 뛰어나서 빠르게 새로운 과목 공부에 적응하지만, 독서 습관이 부족하면 기초 학력이 부진해서 학습 능력이 떨어져요. 공부를 힘들어하는 학생들의 공통점은, 글을 읽고 해석하는 능력이 부족해요. 그럼 결국엔 시험 때 좋은 성적을 얻지 못해요. 최근엔 단답형의 문제보다 긴 문장의 지문 형태로 된 문제들이 많으니까, 단어와 어휘를 바로바로 이해하기 위해서는 다양한 분야의 책을 읽음으로서 지식을 쌓고 독해력을 키우는 게 중요해요.

둘째, 필기하면서 책을 읽어요. 책에 낙서하는 걸 두려워하는 학생들이 있는데, 중요하다고 생각되는 내용에 줄 치면서 읽거나 메모를 달아 두는 건 좋은 책 읽기 방법이에요. 공부할 때도 중요한 내용은 밑줄 긋고, 형광펜으로 칠하고, 포스트잇을 붙이잖아요? 모르는 영어 단어의 경우엔 단어장에 쓰면서 외우기도 하고 말이에요. 그렇게 낙서하면서 책을 읽어 보아요. 물론 도서관에서 대출 받은 책에는 낙서하면 절대 안 돼요. 그건 도서관 이용에 대한 기본적인 예의니까, 잘 알고 있죠?

셋째, 자기 자신과 약속한 것을 꼭 지켜요. 하루에 30분간 책을 읽겠다고 정했으면 그 시간은 무슨 일이 있어도 꼭 지키는 거예요. 학교 수업 시간에는 엉덩이를 의자에서 뗄 일이 웬만해서는 없잖아요? 갑자기 화장실에 가거나 친구와 전화통화하거나 물을 마시러 나가지 않는 것과 마찬가지로, 한번 책을 손에 잡았으면 독서 이외의 행동들은 일체 멈추는 거예요. 그러면 자연스레 엉덩이의 힘, 즉 오래 앉아 있는 인내력을 키울 수 있어요.

학교 수업이나 공부할 때 오랜 시간 집중해 앉아 있는 걸 못하는 학생이라면, 책 읽기를 하면서 오래 앉아서 집중하는 훈련을 해 보면 좋겠어요. 나에게 맞는 책만 잘 고른다면 억지로 애쓰지 않아도 30분이 빠르게 흘러가는 걸 경험할 수 있을 테니, 도서관에 가서 재미있게 읽을 책을 골라 보세요.

독서는 좋은 공부 습관을 만들어 주는 기초가 돼요. 공부 습관이 체계적으로 갖춰 있지 않다면 책 읽는 습관부터 갖추도록 노력해 봐요. 매일매일 책 읽기만 잘해도 공부하는 데 도움이 된다는 게 입시에서 고득점을 얻은 학생들의 여러 사례로 증명되었잖아요.

어떤 학생들은 성적이 떨어지면 학원부터 바꾸려는 경향이 있는데요, 내 모습을 잘 생각해 봐요. 가르쳐 주시는 선생님이 문제가 아니라, 나의 잘못된 습관 때문에 성적이 오르지 않는 것일 수 있어요. 공부 잘하는 아이들은 자기 스스로 공부하는 시간을 따로 가져요. 수업 듣는 것 말고 일정한 시간 동안 부족한 과목을 혼자 공부하는 거예요. 성적을 올리고 싶다면 학원을 바꿔야겠다는 생각부터 할 게 아니라, 책 읽는 습관을 먼저 가져 보아요. 독서는 혼자 하는 공부기도 하니까요.

독서는 머리가 좋아지는 효과를 얻을 수 있어요. 여러 교수들이 같은 주장을 했는데요, 토론토대학교의 인지심리학과 교수인, 키이스 오틀리(Keith Oatley)는 "잘 묘사된 책의 한 장면을 읽는 것은 영화를 보는 것과 동등하다"라고 말했어요. 책을 읽으면서 책 속의 장면과 유사한 어떤 상황을 기억에서 끌어온다는 거죠. 즉, 독서라는 건 많은 프로세스가 동시에 작동하는 거예요.

책을 읽을 때 활성화되는 뇌의 영역과 게임할 때 활성화되는 뇌의 영역이 다르다고 뇌과학자들은 말하고 있어요. 책을 읽을 때는 뇌 전체가 활성화된다는 것이 수많은 연구를 통해 밝혀진 사실이지요. 그러니 책을 읽으면 읽을수록 머리가 좋아진다는 어른들의 주장은 충분히 믿을 만한 이야기예요. 오랜 세월 연구한 결과로 밝혀진 사실이기도 하니까 신뢰할 수 있고요. 수학능력시험에서 만점을 받은 학생들이 왜 공통적으로 꾸준한 독서가 좋은 성적을 얻는 데 도움이 되었다고 말했는지 이해되죠?

독서를 생활화하면 암기력과 집중력, 추론 능력, 통찰력, 문해력 등이 향상된다니, 너무 솔깃한 정보 아닌가요? 시험에서 원하는 성적을 얻고 싶다면, 지금부터 자기 주도적으로 독서하는 습관을 만들어 보자고요!

행동으로 옮기는 실천 독서

《율곡전서》에 율곡 이이는 "글을 읽는 까닭은 옳고 그름을 분별해서 일을 행할 때 적용하기 위한 것이다. 만약 일을 살피지 아니하고 오롯이 앉아서 책만 읽는다면 그것은 아무런 쓸모가 없는 배움에 지나지 않는다"라고 했어요. 책을 읽고 일상생활 속에서 실천하지 않으면 아무 소용이 없다는 뜻이에요. 실천하는 독서의 중요성을 이야기한 거지요.

선생님은 책을 읽을 때마다 책 속의 문장들을 어떻게 삶에 적용할지를 고민하면서 읽어요. 물론 처음부터 그랬던 것은 아니에요. 진로 교사가 되면서부터 그렇게 바뀐 것 같아요.

청소년 진로 상담을 하려면 학생들의 감정과 감성, 심리를 잘 알아야 하기 때문에 그동안 쌓아온 지식 말고 새로운 공부가 필요했어요. 그래서 먼저 심리 분야 책을 많이 읽고, 학생 상담에 적용하기 시작했지요. 학생들에게 좀 더 의미 있는 진로 상담을 해야겠다고 생각이 들자, 그때부터는 독서의 범위가 더욱 넓어졌어요. 최근 트렌드, 청소년 소설, 자기계발서, 역사, 인문학 관련 책들을 두루 읽으면서 학생들의 고민을 이해하게 되었고, 관계가 한결 부드러워졌어요. 책으로 얻은 지식이 삶의 지혜로 변한 것이라고 할 수 있지요. 그러면서 깨달았어요. 책을 읽는 것에서 끝내는 게 아니라, 일상생활에 적용하는 독서가 정말 중요하다는 것을 말이에요.

실천 독서를 위해서는 지금 나에게 필요한 책이 무엇인지를 잘 알아야 해요. 만약 어떤 분야에 대해 궁금하다면 관련 분야의 책을 찾아보면 돼요. 요즘은 직업에 관한 책도 나오고, 본인의 직업을 어떻게 이뤄 나가고 있는지에 대한 에세이도 많아요. 내가 직업으로 삼고 싶었던 의사, 간호사, 법관, 수의사 등의 사람들이 쓴 책을 읽어 보아요. 그러면 지금 내가 어떤 일에 집중해야 되는지 알게 될 거예요.

요리에 관심이 있다면 요리 관련 책을 찾아서 읽어요. 책에 나와 있는 요리법대로 재료들을 준비하러 시장에도 가 보고, 직접 만들어서 가족들과 함께 먹으면 매우 의미 있는 시간이 될 거예요. 나의 진로를 탐색하는 계기도 되고요. 직접 해 봐야 내가 머릿속으로만 좋아하는지 진짜로 좋아하는지를 알 수 있거든요. 게임 해설자가 되고 싶다면 화법 관련 책이나 게임 잡지를 구입해서 읽고 연습해요. 공부를 잘하고 싶어서 공부법 관련 책을 읽었다면 오늘 당장 예습과 복습을 습관

화하고 게임하는 시간부터 줄여야겠죠?

만약 지구 환경 보호에 관심이 있어서 관련된 책을 읽었다면 제로 웨이스트의 삶을 실천하고, 가끔은 채식 위주로 식사하고, 걷거나 자전거를 이용하고, 텀블러를 가지고 다니면 돼요. 한 번쯤은 부모님과 상의해서 캠페인에 참여해 보는 것도 좋고요, 관련 프로그램을 보거나 강연을 들어도 좋지요. 책을 읽어서 알게 된 것을 실천으로 옮기는 경험은 오래도록 기억되고, 삶 속에서 그 지식이 살아 생동하는 경험을 하게 해 준답니다.

실천한다는 게, 꼭 직업이나 취미와 관련된 것만 이야기하는 건 아니에요. 멘토가 될 만한 좋은 책을 읽게 되면 삶의 자세와 지혜를 배울 수도 있답니다. 선생님은 《미라클 모닝》을 읽고 앞으로는 아침 시간을 잘 활용해야겠다는 생각을 했거든요. 책을 읽으면서 '아! 이것은 정말 따라하면 좋겠다' 싶은 내용들이 있을 거예요. 그런 것들은 잘 기억해 뒀다가 실천해 보면 정말 좋아요.

어느 날, 진로 상담실에 C학생이 찾아왔어요. 요즘 들어 자주 자신감도 없어지고, 학급 친구들은 열심히 사는데 자기는 왠지 모르게 혼자 있고 싶고, 아무것도 안 하려니 불안하다는 거예요. 그래서 C에게 책 한 권을 소개해 줬어요. 베브 아이스베트가 지은 《아이 러브 미》라는 책이에요. C는 이 책을 읽고 나서 주변사람을 과도하게 의식하지 않게 됐고, 자신감도 회복했어요. 진로에 대해서도 명확한 기준을 가지고 도전하게 되었고요.

하지만 책으로 배운 것들을 그대로 실행한다는 게 쉽지가 않아요. 굳게 결심하고 행동해도 '작심삼일'이 아니라, '작심삼초'가 되어 버릴 때가 얼마나 많은데요. 그래서 책 속의 문장을 내 삶 속에 적용하기 위해서는 꼭 필요한 조치가 있어요. 독서 노트 또는 지식 노트를 만드는 거예요.

선생님은 집이나 학교에서 책을 읽을 때 독서 노트를 곁에 두어요. 읽으면서 중요한 문장은 바로바로 노트에 기록해 두기 위해서지요. 기록할 때는 책 제목과 작가, 출판사 정보를 꼭 적어요. 지하철이나 대중교통을 이용하면서 책을 읽을 땐 스마트폰에 있는 노트 앱을 활용해요. 그 노트엔 책을 읽은 후의 느낌이나 서평을 적기도 하고, 질문할 내용이나 생각할 거리들을 메모해요. 앞으로 어떻게 해 나가야겠다는 나 자신과의 약속을 적어 두기도 하고요.

책을 많이 읽는 것도 좋지만, 내 생활에 어떻게 적용할 것인지를 생각하면서 읽으면 독서가 더 재미있어요. 독서 노트나 지식 노트를 쓸 때는 남에게 보여 주기 위해서가 아니라 내가 보기에 편하면 되니까 형형색색으로 예쁘게 작성하지 않아도 돼요. 나중에 읽기 편할 정도로만 정리해 두는 것이 좋아요. 굳이 이 작업에 시간을 너무 많이 쏟을 필요가 없다는 거지요.

읽고, 쓰고, 생각하고, 실천하는 패턴이 몸과 뇌에 습관화되면 책 속의 모든 내용이 내 것이 되는 거예요. 책은 세상을 살아가는 모든 답이 숨어 있는 매우 훌륭한 보물 창고랍니다.

질문 최근에 가장 관심이 생긴 분야는 무엇인가요? 그와 관련한 책을 찾아보아요.

나의 관심 분야는?

....

나의 관심 분야 책은?

....

....

★ 예스24, 교보문고, 알라딘 등 인터넷 서점에서 관심 분야의 책을 검색해 보아요.

 질문 그동안 읽은 책의 내용을 실제 생활에 적용해 본 경험을 적어 보아요.

(예시) 나는 《공부 잘하는 중학생은 이렇게 읽습니다》를 읽고, 청소년시기에 책
읽는 습관이 중요함을 깨달아서 매일 잠들기 전 30분 독서를 시작했다.

....

....

....

....

....

....

....

여러 번 읽기 vs. 여러 권 읽기

책을 읽다 보면 이런 궁금증이 생길 때가 있을 거예요. 한 권의 내용을 모르는 게 없을 때까지 여러 번 읽어야 할지, 아니면 한 번만 읽고 대충 이해되면 다음 책으로 넘어가야 할지 말이에요. '독서왕'으로 불리는 유명한 사람들의 대답도 각양각색이거든요. 여러 권을 읽어야 된다는 사람도, 한 권이라도 여러 번 읽어야 한다는 사람도 각자 나름대로 이유와 장단점에 대해 이야기하지요.

한 권을 여러 번 읽으면 어떤 점이 좋을까요? 책 내용에 대한 이해도를 최대로 끌어올릴 수 있어요. 처음 봤을 때는 이해되지 않았던 문장이나 단어들이 두 번, 세 번 읽으면서 익숙해지고 문맥의 흐름이 파악되면 내용이 잘 이해되지요. 작가가 즐겨 사용하는 단어들과 문장에 대해서도 이해도가 높아지고요.

물론 사람마다 조금씩 차이가 있어서 어떤 사람은 한 번 읽은 책을 다시 읽는 걸 어려워하기도 해요. 다시 읽으려니 지루함이 느껴지고, 이미 알고 있는 내용들은 건너뛰게 되고요. 나도 모르게 긴장감이 사라지니까 몰입이 깨지고 졸리기도 하지요.

여러 권을 읽으면 어떤 점이 좋을까요? 매번 새로운 내용을 읽다 보니 몰입이 잘 되고 재미있게 느껴질 거예요. 또한 다양한 책들 속에

서 롤모델을 많이 만날 수 있고, 다양한 세상으로 상상의 여행도 떠날 수 있고, 여러 사람들의 삶의 모습을 살펴볼 수도 있을 거예요.

하지만 한 번만 읽었기 때문에 중요한 문장들이나 사실들을 놓치거나 제대로 파악했는지 의문이 들게 되지요. 나중엔 일부 내용을 금방 잊어버리기도 해요. 내가 잘 이해하지 못한 내용들에 대해 더 깊이, 더 자세히 알려고 하지 않는 습관이 생겨나기도 하고요.

두 가지 모두 장단점을 살펴보면 딱히 어떻게 읽어야 할지 정답이 보이지 않을 거예요. 근데 선생님이 꾸준하게 책을 읽으면서 알게 된 것은, 책마다 조금씩 다르게 읽기가 필요하다는 거예요. 어떤 책은 한

번 읽어서 작가의 생각을 완전히 이해하는 게 쉽지 않아요. 또 어떤 책은 한 번 읽어도 이해가 되고 머릿속에 남아 있는 경우가 있고요. 선생님도 좀 더 깊이 읽고 습득해야 할 책이라고 생각되면 서너 번이 아니라, 수십 번도 읽어요. 어떤 책은 이해를 충분히 했는데도 읽을 때마다 좋아서 여러 번 읽기도 하고요. 책의 성향에 따라서, 그리고 나의 책 읽는 성향에 따라서 정하면 될 것 같아요.

한 권씩 여러 번 읽어야 하는가, 여러 권을 읽어야 하는가는 중학교 시기엔 크게 중요하지 않아요. 어떤 방식으로 읽어도 괜찮아요. 각자 나에게 가장 맞는 독서법을 찾아가는 과정이니까요. 그러니 중학생 이라면 하나의 책을 여러 번도 읽어 보고, 다양한 책을 여러 권도 읽어 보세요. 다양한 방법으로 독서 계획을 세울 수 있으니 이 또한 좋은 일이죠.

신영복 작가님은 《손잡고 더불어》에서 책이 중요하지 않고, 많이 읽는 것도 중요하지 않으며, 자기 삶 속에서 스스로 깨달을 수 있는 자기 재구성 능력이 훨씬 중요하다고 했어요. 깨닫는다는 것은 다양 한 수평적 정보를 수직화는 능력을 필요로 하는데, 절대로 많은 양의 정보를 얻는다고 깨닫게 되는 게 아니라면서요. 그 많은 정보를 수직 화해서 자기 것으로 만들고 자기 인식을 심화시키면서 재구성 능력을 높여가는 게 바로 공부이고 학습이라고도 말씀하셨지요. 여러 권을 읽었는데도, 여러 번을 읽었는데도, 꾸준히 책을 가까이했는데도 나를 자극하는 메시지가 없거나, 내 삶 속에서 전혀 달라지는 게 없다면 제대로 책을 읽은 게 아니에요. 그동안 읽은 책들의 메시지가 나의 삶 속에서 역동적으로 작동하지 않는다면 그건 시간낭비만 한 거예요.

독서는 명문고등학교, 명문대학교에 진학하고 대기업에 취업하기 위한 도구가 되면 재미없어져요. 중학생에게 필요한 독서는 생각의 힘을 키우고, 나와 다른 사람을 이해하는 마음이 커지고, 미래의 모습을 상상하면서 불완전한 진로 목표를 구체화하는 과정인 거예요. 그래야 독서에 몰입할 수 있고, 왜 읽어야 하는지가 명확해지는 거랍니다.

책이란 게 참 신기하고, 독서라는 게 참 신비한 경험이에요. 한 권 속에서 자신의 미래를 발견할 수도 있고, 여러 권을 읽고 나서야 발견할 수도 있거든요. 자신의 성향대로 읽어 나가는 것이 제일 좋은 방법이에요. 여러분만의 방법으로 나만의 문장을 만나서 나를 키우는 독서를 할 수 있길 바랄게요.

질문 한 권의 책을 여러 번 읽고 독서 기록을 남겨 보아요.

책 제목	
지은이	
출판사	
책을 읽은 날짜 (총 회)	
독후 감상 (한 권을 여러 번 읽은 소감을 중심으로)	

질문 그동안 읽은 책의 내용을 실제 생활에 적용해 본 경험을 적어 보아요.

책 제목	
지은이	
출판사	
책을 읽은 날짜	
독후 감상 (가장 재미있었던 점을 중심으로)	

독후감 또는 서평 쓰기

학교마다 다르겠지만, 선생님이 근무하는 학교엔 아침 독서 시간이 있어요. 1교시가 시작되기 전 20여 분간 읽고, 틈틈이 독서 노트에 기록하고 있지요. 학생들을 살펴보면 책을 읽고 서로 이야기하는 건 잘하는데, 서평을 작성해서 발표해 보라고 하면 싫어하고 힘들어하는 경우가 많아요. 독서 모임에 참석해 보면, 어른들도 마찬가지더라고요. 평소에 생각을 글로 표현해 보는 훈련이 되어 있지 않아서인 거예요.

선생님은 2018년부터 책을 읽고 블로그에 글을 올리기 시작했어요. 그 당시에 블로그에 올렸던 글을 지금 읽어 보면 '내가 이렇게 글을 못 썼나'라는 생각이 들지요. 긴 글을 쓰기가 부담스러웠던 건지 단 몇 줄로 마무리된 글도 있고, 책의 전체 내용을 제대로 파악하지 못한 듯 어려웠다고 적은 글도 있더라고요.

처음엔 독서하고 나서 서평을 쓰는 게 쉽지 않았는데, 요즘은 습관이 되어서 일주일에 두 권 정도의 책을 읽고 꼬박꼬박 서평을 쓰고 있어요. 처음 시작했을 때의 목적은 읽은 책들을 기억하고 기념하기 위해서였는데, 몇 년 전부터는 글 쓰는 능력을 향상시키겠다는 목적으로 계속 해 나가고 있어요.

독후감과 서평은 조금의 차이가 있어요. 독후감은 책을 읽고 자신의 느낀 감상을 적는 거예요. 책을 읽으면서 기억에 남는 장면, 마음속에 남아 있는 느낌 등을 자유롭게 줄거리 위주로 작성하면 되지요. 서평은 책을 읽고 평가한다는 의미가 조금 추가되었다고 생각하면 쉽게 이해될 거예요. 목적은 아직 이 책을 읽지 않은 사람들에게 사전 정보를 주는 거죠. 그렇기 때문에 독자가 책을 선택하는 데 도움을 주는 게 핵심이에요. 그렇다 보니 글에 주관적인 감상뿐만 아니라 객관적인 지식과 정보가 많이 들어가게끔 쓰면 좋아요. 이 책을 어떤 사람들이 읽으면 도움이 될 것인지도 알려 주고 말이에요.

책을 읽고 오래도록 기억하고 싶다면 반드시 감상문이든 서평이든 뭐라도 좋으니까 글로 읽은 후의 생각과 감정들을 작성해 보길 추천해요. 중학생이면 독후감은 여러 번 써 보았을 테니 서평에 도전해 보면 좋겠어요.

서평이라고 하니 대단해 보이지만 어렵지 않아요. 맛집 리뷰를 남기는 것처럼, 책을 읽고서 리뷰를 남긴다는 생각으로 시작해 보면 돼요. 인터넷에 맛집 리뷰를 쓸 때 어떻게 쓰는지 살펴보면, 음식점 이름과 위치 정보가 들어가고, 메뉴판과 요리, 먹는 장면 등의 사진이 들어가고, 음식에 대한 평가를 하면서 한번 방문해서 먹어 보라고 권하잖아요? 서평도 그렇게 작성하는 거예요. 책 제목이 뭔지, 출판사는 어딘지, 몇 페이지 분량인지, 어떠한 내용이 담겼는지, 읽어 보니 어땠는지 평가하면서 책 사진을 몇 컷 찍어서 보여 주는 것도 좋아요.

서평을 좀 더 쉽게 쓰려면, 몇 가지 도움이 될 만한 팁이 있어요. 책을 읽을 때 중요한 문장은 형광펜으로 표시하면서 읽으면 글을 쓸 때 도움이 돼요. 마음에 드는 문장은 그때그때 노트에 필사해 두는 것도 좋은 방법이지요. 필사하면 문장이 머릿속에 더 또렷하게 남거든요. 책을 완독한 후에 서평을 쓰려면 갑자기 무엇부터 써야 할지 생각이 나지 않을 때가 있어요. 그러니까 읽으면서 사이사이 미리 노트에 느낌이나 감정들을 정리해 두면 도움이 돼요. 선생님은 가끔은 책을 읽으면서 스마트폰으로 마음에 드는 페이지나 문장을 사진 찍어 두기도 해요. 나중에 서평 쓸 때 어느 페이지에 어떤 글이 있었는지 찾기 쉽도록 말이에요.

서평은 블로그나 SNS에 올려도 좋고, 인터넷 서점에 리뷰란에 올려도 좋아요. 그러면 나를 모르는 사람들도 나의 글을 읽을 수 있지요. 인터넷 서점에 가입하면 별표 점수를 매기거나 서평 글을 쓸 수 있는 공간이 있거든요. 여기에 기록하면 돼요. 인터넷 서점에 나의 서평들을 차곡차곡 저장해 놓는 건 독서 기록의 또 다른 방법이지요. 만약 남이 나의 글을 보는 게 부담스럽다면 처음엔 블라인드 처리를 해서 혼자만 보게끔 해 놔도 괜찮아요.

서평을 쓰는 건 책을 깊이 읽기 위한 방법이 되기도 해요. 읽은 내용을 정리해서 남겨야 하니까, 그리고 먼저 읽은 독자로서 다른 사람에게 책을 소개한다는 목적이 있으니까 좀 더 집중해서 책을 읽게 되거든요. 또한 이왕이면 잘 소개하고 싶으니까 구석구석에 메모하면서 읽다 보니 책을 분석하면서 읽게 되기도 하고요. 이렇게 서평을 쓰기 위해 읽은 책은 나중까지 오랫동안 내용이 기억나는 신기한 경험을 할 수도 있어요.

처음부터 서평이 잘 써지진 않을 거예요. 그럴 땐 다른 사람들이 쓴 서평을 읽어 보는 것도 도움이 돼요. 서평을 쓰는 사람들이 꽤 많거든요. 각 책마다 인터넷 서점에 서평이 올라와 있으니까 남들은 어떻게 작성했는지 살펴보세요.

친구에게 책을 소개해 주듯이 쉬운 어휘로 쓰면 좋아요. 괜히 어려운 단어를 섞어서 쓸 필요가 없어요. 좀 똑똑해 보이고 싶고 멋있어 보이고 싶어 하는 마음은 알겠는데요, 그거 하나도 중요하지 않아요. 독자가 서평을 읽고 무슨 말인지 모르겠다면, 읽고 싶은 마음이 안 든다면 아무 도움이 안 되는 거잖아요.

그리고 서평을 휘리릭 쓰는 데만 집중하지 말고, 다 쓴 후에는 꼭 다시금 읽어 보아요. 그걸 '퇴고'라고 하는데, 문장을 다듬는 과정을 말하는 거예요. 유명한 작가들도 글을 다 쓴 후에 반드시 퇴고 과정을 거친답니다. 책을 읽고 서평을 쓰면서 자연스럽게 문장력도 키울 수 있으니, 꼭 서평을 써 보라고 추천하고 싶어요.

뭐든지 처음 시작이 중요해요. 일단 여러 줄의 서평을 쓰는 게 부담스럽다면 한 줄이라도 매일 써 보는 습관을 가져 보세요.

서평자 :	평점 ♡♡♡♡♡　작성일 20　년　월　일
도서명, 저자, 출판사, 연도	

1. 작가가 책을 집필하게 된 이유는?

2. 이 책의 핵심적인 내용은?

3. 책을 읽으며 새롭게 깨달은 점은 무엇이고, 왜 이 책을 권하고 싶은가요?

★ 서평을 인터넷 서점이나 블로그, 개인 SNS에 올려 보아요.

자기주도로 완성하는
반복 독서

🌱 중학교 시기는 자기주도 학습을 시작하기에 딱 좋을 때예요. 초등학교 때보다 어휘력도 많이 늘고 학습력과 이해력도 월등히 높아져서 스스로 계획을 세우고 실천하는 게 가능해지거든요. 스스로 할 수 있는 것들이 하나하나 생겨나면, 그것을 잘 해 냈을 때 자존감은 물론 효능감도 높아져요. 자기주도적인 경험은 사춘기 이후 성격 형성이나 성적 관리에도 큰 도움이 된답니다.

중학생 때부터 자기주도 독서와 자기주도 학습 경험이 꼭 필요해요. 자기주도란 자신의 일을 스스로 이끌어 나가는 걸 말해요. 자기주도 독서를 할 줄 아는 학생은 공부할 때도 자기주도적인 모습을 보이죠. 스스로 목표를 설정하고 전략을 세워 전체 과정을 본인이 결정하고 이끌어 가는 능력이 생기는 거예요.

선생님은 어릴 때 좀 싫증을 잘 내는 아이였어요. 한 번 읽은 책은 두 번 다시 보지 않았거든요. 그러다 보니 책을 다 읽어도 책 제목과 작가 이름뿐만 아니라 내용도 디테일하게 잘 기억하지 못하는 경우가 많았어요. 그래서 여러 번 읽기를 처음 시도했을 때 정말 힘들었어요. 두 번, 세 번 읽는 게 왜 그리 싫증이 나는지…. 아무리 재미있는 책이어도 두 번 이상 읽는 게 습관화되어 있지 않았기 때문에 여러 번 읽기가 어렵더라고요.

그러다 위인들의 독서법을 알게 되면서 반복 독서의 소중함을 깨달았어요. 지금부터 소개할 위인들의 반복 독서법이 여러분들에게도 도움이 되면 좋겠어요.

조선시대 성군으로 평가받는 세종대왕은 어려서부터 어떤 책이든 밤을 새워 읽었는데, 한 번 읽고 쓸 때마다 '바를 정(正)'자로 표시해 가며, 백 번을 읽고 백 번을 썼다고 해요(백독백습). 그래서 아버지인 태종이 시험 삼아 묻는 것에 항상 능숙하게 답변함으로써 모든 사람을 놀라게 했대요. 책을 좋아했던 세종대왕은 반복해서 책을 읽음으로써 다양한 지식을 자기 것으로 완전히 흡수했어요. 그 지식과 지혜가 피가 되고 살이 되게끔 해서 백성을 위한 정치를 펼칠 수 있었던 거죠.

미적분학을 발견한 고트프리트 라이프니츠는 독일의 철학자이자 수학자이고, 자연과학자이자 법학자, 신학자, 언어학자, 역사가예요.

나도 외우겠어,
이거…

정말 다양한 분야에서 업적을 남겼죠? 그는 독학

으로 공부해 다방면에 놀라운 지식을 쌓았는데, 그 비결

이 반복 독서래요. 각 분야의 대표 도서를 여러 번 꾸준히 읽었죠.

그는 "나는 구멍이 뚫릴 정도로 열심히 꿰뚫어 보았습니다. 잘 이해

되지 않는 대목에 크게 신경 쓰지 않고 이것저것 골라 읽으며, 전혀

뜻을 알 수 없는 곳은 뛰어넘고 읽었습니다. 몇 번이고 이런 읽기를

계속해서 결국 책 전체를 읽어 내고, 얼마 동안의 시간이 지난 다음,

같은 작업을 되풀이해 가면 전보다 훨씬 이해가 잘 되는 것이었습니

다"라고 말했어요.

세종대왕과 라이프니츠의 공통점이 보이나요? 꾸준히 반복해서 책을 읽고, 책 내용을 완전하게 이해해 자신의 것으로 만든 분들이에요. 여러분이 시험공부할 때 모습을 생각해 보세요. 최소한 몇 주 전부터 반복적으로 보고, 외우고 또 보면서 공부하잖아요. 그렇게 여러 차례 복습하듯이, 책 속의 내용을 이해하기 위해 백 번이고 천 번이고 읽는 의지가 필요해요.

선생님도 반복 독서를 해 봤더니 확실히 변화가 생기더라고요. 점점 읽을수록 이해하는 내용이 많아지고, 머릿속에서 기억이 되는 거예요. 기억이 나니까 실생활에 적용하게 되고요. 하루가 다르게 변하는 세상 속에서 여러 분야의 책을 빠르게 많이 읽는 것도 중요하지만 한 권을 읽더라도 자기 것이 되게끔 읽는 것이 중요해요. 백독백습까지는 못하더라도 4~5회 정도는 반복해서 읽으면 좋겠어요.

인간의 기억에는 한계가 있어요. 읽고 또다시 반복해서 읽어야만 단기 기억에서 장기 기억으로 옮겨지면서 머릿속에 오래 남는 거예요. 이러한 반복 활동을 통해 뇌에 새로운 신경 회로가 만들어지는데, 한 번 읽고 서가에 보관해 두는 방식으로만 책을 읽으면 뇌에 새로운 개념의 신경회로가 만들어졌다가 곧 사라져 버려요. 기억하고 싶어도 기억이 안 나는 상황이 발생하는 거죠. 그 기억을 오랫동안 붙들어 두고 싶으면 반복적인 학습이 중요해요.

그러고 보니 독서의 기억력 향상과 공부의 기억력 향상 과정이 닮지 않았나요? 학습 전문가에 따르면, 성적을 올리기 위해서는 배운 것을 24시간이 지나기 전에 복습하고, 일주일 후에 또 복습하고, 한 달 후에 복습하고, 시험 보기 전에 복습해야 된대요. 즉 반복 복습을 해야 단기 기억 장치에 있던 공부한 내용이 장기 기억 장치로 옮겨져서 기억 창고에 남아 시험을 잘 볼 수 있게 된다는 거죠.

독서도 마찬가지예요. 세종대왕과 라이프니츠처럼 반복 독서를 습관화하려면 전략을 세워야 해요. 이때의 전략은 다른 사람이 세워 주는 것이 아니라 스스로 자신에게 가장 잘 맞는 방법으로 현재 자신의 수준에 맞게 세워야 해요. 사람마다 집중할 수 있는 시간이 다르고, 학교에 다녀와서 남은 여유 시간이 다르잖아요. 그러니까 내가 주도적으로 전략을 세우는 게 실천하기에도 딱 좋아요.

선생님이 추천하고 싶은 가장 쉬운 방법은 먼저 전 세계 모든 사람에게 공평하게 주어진 하루 24시간 중에 30분을 꼭 독서할 수 있는 시간으로 확보해 두는 거예요. 중학생이라면 30분 정도는 집중할 수 있어요. 그리고 뇌에 읽은 책의 내용이 저장되도록 4회 이상 반복 독서를 하세요. 음식을 골고루 먹고 잘 씹어 먹어야 영양분 흡수가 빠르듯 독서도 여러 번 읽어야 암기력과 기억력이 향상되고, 나중엔 어려운 책도 쉽게 읽을 수 있는 경지까지 이르게 된답니다. 공부든 독서든 누가 가르쳐주거나 또는 억지로 시켜서 하는 건 머릿속에 남지 않아요. 자기 주도적으로 읽고 학습할 때 효과가 발휘된답니다.

질문 나의 평소 책 읽는 습관을 점검해 보아요. (중복 체크 가능)

	나의 책 읽는 습관	체크(O)
1	흥얼흥얼 소리 내어 읽는다.	
2	눈으로만 읽는다.	
3	재미없는 부분은 넘기면서 읽는다.	
4	만화가 있으면 그림만 읽는다.	
5	단어 하나하나에 집중하며 읽는다.	
6	빠른 속도로 읽어 나간다.	
7	재미있는 책이어도 한 번 이상 읽지 않는다.	
8	두 번, 세 번 반복해서 읽고 또 읽는다.	
9	책이나 노트에 메모하면서 읽는다.	
10	귀에 이어폰을 착용하고 음악을 들으면서 읽는다.	
11		
12		

질문 체크한 것 중에 반복 독서가 있나요? 만약 있다면, 무슨 책을 여러 번 읽었나

요? 만약 반복 독서를 해 본 경험이 없다면 무슨 책으로 도전하고 싶은가요?

반복 독서를 해 본 책	반복 독서를 해 보고 싶은 책

4

지금부터 실전, 알고 제대로 써먹자!

독서 고수들은
어떻게 책을 읽을까?

👓 오래전부터 내려오는 독서 방법이 있어요.

음성 유무에 따라서 소리 내어 읽는 음독(音讀)과 소리 내지 않고 눈으로만 읽는 묵독(默讀)이 있고요, 독서량에 따라서 아무렇게나 마구 읽는 남독(濫讀)과 아무 책이나 함부로 닥치는 대로 읽는 난독(亂讀), 책의 내용이나 형식을 검토하면서 자세히 읽는 정독(精讀), 좀 더 깊이 파고들어가면서 읽는 심독(心讀)이 있지요.

이해 정도에 따라서는 책의 내용을 충분히 음미하면서 읽는 미독(味讀)과 책의 내용을 잘 파악하지 못하고 서툴게 읽는 소독(素讀)이 있고, 전체와 부분적으로 읽는 방법으로는 책을 처음부터 끝까지 훑어가며 읽는 통독(通讀)과 책을 전부 읽지 않고 띄엄띄엄 가려서 읽는 적독(摘讀) 또는 발췌독(拔萃讀)이 있지요.

책을 읽는 속도에 따라서는 읽고자 하는 부분을 천천히 골똘히 생각하면서 읽는 지독(遲讀)과 빠르게 읽는 속독(速讀)이 있고요, 이 밖에도 여러 사람이 같은 책을 차례대로 돌려가며 읽는 윤독(輪讀), 책을 번갈아가며 한 구절씩 읽는 교독(交讀), 같은 책이나 선언문 등을 사회자와 청중이 한 목소리로 읽는 합독(合讀)이 있어요.

책 읽는 방법이 정말 다양하지요? 이 중에서 평소에 사용하는 독서법은 뭔가요? 이 방법들 중에서 많은 독서 고수님들이 즐겨 사용하는 읽기 방법을 자세히 설명해 줄게요.

정독(精讀)은 뜻을 새기며 자세히 읽는다는 의미예요. 글자와 낱말의 뜻을 하나하나 알아가며 자세히 읽는 것을 말하지요. 정독하면서 깊이 마음속에 새겨야 할 책들이 있어요. 내 삶에 가치가 있는 책이나 양서(내용이 교훈적이거나 건전한 책), 그리고 고전들이 정독으로 읽으면 좋은 책이에요. 공부할 때는 교과서를 정독해야겠지요. 선생님은 평소에 책을 읽을 때 정독 독서법을 좋아하는데요, 집중력이 필요한 읽기 방법이라서 오랜 시간 읽기엔 조금 힘든 방법이지만, 머릿속에는 확실히 오래 남더라고요.

속독(速讀)은 책을 빨리 읽는다는 뜻이에요. 전체적인 내용을 빠르게 이해하고 다른 사람에게 읽은 내용을 제대로 전달할 수 있다면 속독도 의미가 있다고 생각해요. 속독법을 잘만 배우고 활용하면 필요한 핵심 정보를 빠르게 파악할 수도 있거든요.

분량이 많은 텍스트에서 나에게 필요한 정보를 빠르게 찾을 때도 속독을 활용할 수 있겠죠. 내가 필요한 부분만 정독을 하면 되니까요. 속독은 훑어 읽기 방식이라서 글을 전체적으로 파악하는 데도 도움이 돼요. 내가 쓴 글을 퇴고할 때도 사용할 수 있는 읽기 방법이에요. 하지만 모든 책을 속독으로 읽는 것은 좋지 않아요. 기억 속에 아무것도 남아 있지 않으면, 책을 한 권도 읽지 않은 것과 별반 차이가 없겠죠.

심독(深讀)은 마음속으로 읽는 걸 말해요. 자신의 내면세계에 변화

를 줄 목적으로 책의 전체 흐름에 흠뻑 빠져 읽어 나가는 독서법이에요. 정독하면서 읽다가 재미를 느낀다든가 또는 마음에 울림이 있어서 더 깊이 빠져들 때 하는 독서법이라고 말할 수 있지요. 정독보다 한 단계 더 집중해 깊이 파고드는 독서법이랍니다. 정신과 의사이자 작가로《나는 한 번 읽은 책은 절대 잊어버리지 않는다》를 쓴 가바사와 시온은 심독으로 한 독서가 자기 성장으로 이어진다고 말하고 있어요. 그는 책에서 배움과 깨달음을 얻고 토론할 수준으로까지 내용을 완벽히 이해하는 깊이 있는 독서, 즉 책을 깊게 이해하는 독서법을 '심독'이라고 정의하고 있지요. 고전문학이나 인문 도서를 심독으로 읽으면 도움을 받을 수 있어요.

  중국의 사상가인 주자의 독서법을 소개해 줄게요. 그는 책 읽는 이유를 "책을 통해 밝아진 마음이 유지된다. 책을 읽지 않으면 의리(義理, 사람으로서 마땅히 지켜야 할 도리)를 알려고 해도 끝내 알 수가 없다"라고 했어요. 그래서 "한 구절을 읽을 때 이 구절을 내가 장차 어디에 쓸 수 있을지를 반드시 전체적으로 살펴야 한다"라며 독서 방법을 알려 주었지요. 즉, 한 구절 한 구절을 내 삶에 적용하는 방법을 찾으면서 읽으라는 것이죠. 그는《독서법》에서 "책에 있는 말들이 모두 내입에서 나온 것처럼 되게 하고, 이어 정밀히 생각하여 그 책에 있는 뜻이 모두 내 마음에서 나온 것처럼 되게 해야 한다"라고 했어요. 읽은 대로 살아가는 그의 모습이 보이는 것만 같죠?

선생님은 현재 커리어넷 상담위원으로 활동 중인데요, 하루는 고등학생한테서 상담 의뢰가 들어왔어요. 하고 싶은 꿈이 있어서 대학 진학을 위해 일반 고등학교에 갔는데, 지금 하고 있는 공부가 자신이 가고자 하는 길과 맞는지 의문이 생기기 시작하면서 성적이 확 떨어졌대요. 그래서 앞으로 어떻게 해야 할지 고민이래요.

선생님은 학생에게 '자신을 되돌아보는 독서'를 권해 주었어요. 하고 싶은 일을 할 수 없을지도 모른다는 불안감은 대학교에 진학할 수 없을지도 모른다는 불안감에서 온 것일 수 있거든요. 성적이 떨어지고 있으니 대학 진학이 힘들 수도 있겠다는 불안감이 자신의 꿈을 의심하게 만든 것이지요. 마음에 드는 책을 하나 선택해서 깊이 읽으며 마음의 상태를 바라본 후에 미래에 대한 방향을 다시 설계해도 된다고 설명도 해 주었어요.

급하게 진로를 설정하지 않아도 돼요. 나를 되돌아봤을 때 지금 내가 원하는 길로 가고 있다고 판단되면, 하지만 지금 조금 지친 거라면 잠시 쉬고 다시 힘을 내서 공부를 하든, 관련 학과에 입학하기 위해 정보를 찾든 하면 되는 거예요. 그런데 만약 되돌아보니 내가 원하는 길이 아닌 것 같다고 생각되면 다시 진로를 설계해도 괜찮아요. 이제 겨우 중학생, 고등학생이잖아요. 다행히 학생은 책을 읽으며 자신을 되돌아봤나 봐요. 며칠 후에 답장이 왔더라고요. "감사합니다. 책을 읽으며 다시 길을 찾아볼게요"라고요.

　다양한 독서 방법 중에서 아직 나에게 맞는 독서법을 모르겠다면, 다양하게 시도해 보세요. 중학생 때는 좋은 습관을 만들어 가기에 매우 좋을 시기니까, 독서 고수님들의 방법을 이것저것 흉내 내세요. 남들이 하는 게 다 멋있어 보이고, 좋아 보이나요? 그럼 따라하세요. 그래야 나에게 가장 잘 맞는 독서 방법을 찾을 수 있어요.

　참고로, 선생님은 다양한 독서 방법을 책마다, 그리고 그 읽기 방법이 필요한 상황마다 골라서 사용해요. 정독이 필요한 책, 속독이 필요한 업무, 묵독이 필요한 상황, 심독이 필요한 때 등등, 전략적으로 읽기 방법을 다르게 선택하죠. 다양한 읽기 방법을 익힌다는 건, 어쩌면 쓸 수 있는 무기가 여러 개라는 거니까 좋잖아요?

　아, 물론 그 중에서 나만의 필살기가 하나 있으면 최고지요!

질문 지금까지 어떤 방법으로 독서했나요? (중복 체크 가능)

음독	묵독	남독	난독	정독	심독	미독	소독
통독	발췌독	지독	속독	윤독	교독	합독	기타

질문 도전해 보고 싶은 독서법을 선택한 후에 그 이유를 적어 보아요.

음독	묵독	남독	난독	정독	심독	미독	소독
통독	발췌독	지독	속독	윤독	교독	합독	기타

내가 이 독서법을 선택한 이유는…

필사 노트는
어떤 효과가 있을까?

책 읽기와 글쓰기는 항상 붙어 다니는 친구라고 할 수 있어요. 그럼, 한 가지 질문! 책을 읽으면 무조건 글쓰기 능력이 좋아질까요? 아니오, 이것도 훈련이 필요해요. 가장 쉽게 시작하는 방법은 베껴 쓰기(필사)입니다.

선생님이 방과 후 수업으로 중학생을 대상으로 한 독서 논술반을 운영한 적이 있거든요. 그때 책 읽기를 하면서 글쓰기 수업을 같이 진행했어요. 책 내용 일부나 신문 칼럼을 필사하고, 그 내용 중에서 질문을 뽑아서 서로 토의 및 토론하는 형식으로 프로그램을 만들었죠. 그랬더니 1학년, 2학년, 3학년 학생들이 골고루 섞였는데도 토론이 잘되더라고요. 읽은 내용을 가지고 자신들의 의견을 말하니까 참여한 학생들의 만족도도 높았던 것 같아요. 이렇듯 독서는 글쓰기뿐만 아니라 토론하는 데도 도움이 돼요.

요즘엔 어른들도 책을 읽으면서 중요한 내용을 노트에 적거나, 책을 다 읽은 후에 그대로 옮겨 쓰는 필사 독서를 많이 해요. 책을 필사할 때는 전체 페이지를 다 옮겨 적어도 좋지만, 선생님은 중요 문장이나 가슴에 와 닿는 문장만 노트에 옮겨 적어요. 그러려면 책을 읽으면서 필사할 부분을 표시하면서 읽어야겠지요. 노트에 옮겨 적으면서 작가의 생각을 더 깊이 이해하는 거예요. '작가는 왜 이런 표현을 했을까?' '왜 이런 문장을 적었을까?' 그렇게 생각하면서 필사를 하고, '나라면 이렇게 할 것 같은데'라며 나의 의견도 적어 보는 거죠.

필사하면 책의 내용을 좀 더 심도 있게 이해할 수 있어요. 눈으로 휘익 훑고 지나갔을 문장도 필사하면서 한 번 더 읽고 생각하게 되거든요. 손으로 적으면서 그 문장을 되새김하게 되는 거예요.

이렇게 손으로 기록하며 읽은 문장은 나중에 다시 필사한 부분만 읽어도 문장 속에 녹아든 의미가 쉽게 이해되고 떠오르더라고요. 실제로 경험해 보면 눈으로만 책을 읽었을 때보다 노트에 적으면서 손으로 읽은 책이 더 많이 기억에 남는 걸 알 수 있어요. 학교에서 영어 단어를 외울 때나 한자 공부를 할 때 여러 번 쓰면서 외우잖아요? 그것과 같은 원리라고 생각하면 돼요. 머릿속에 확실히 오랫동안 기억된답니다.

필사의 또 다른 장점은 필사하는 동안 잡생각이나 불필요한 걱정,

고민을 하지 않게 된다는 거예요. 책을 읽다 보면 집중력이 흐트러지는 경우가 의외로 많아요. 재미있는 책이라도 처음부터 마지막 장까지 다 같은 집중도로 읽어지진 않거든요. 근데 필사하면 그대로 옮겨 적어야 하니까 쓰는 내내 집중할 수 있어요. 오로지 책에만, 그리고 나에게만 집중할 수 있는 시간이기도 하지요.

독서 노트를 쓰듯이 쉽게 시작해 보아요. 그러면 읽은 책들을 정리하게 되면서 작은 성취감도 얻게 될 거예요. 이것도 큰 장점이라고 할 수 있지요. 필사를 꾸준히 하다 보면 글씨체도 좋아져요. 나중에 필사 노트를 다시금 펼쳐 보면 여러 가지 좋은 쪽으로 달라진 나를 발견할 수 있을 거예요.

선생님은 필사 노트를 꽤 잘 활용해요. 책을 읽다 보면 평소 관심거리나 해결하고 싶은 문제의 답이 찾아지는 경우들이 있거든요. 그럴 때마다 필사 노트에 잘 적어 둬요. 책 제목과 지은이, 출판사 정보도 반드시 적어 두죠. 선생님은 수업 자료를 만들 때나 혹은 아이디어가 떠오르지 않을 때마다 필사 노트를 다시 읽어 보거든요. 그러면 지금 나에게 닥친 문제를 해결할 방법, 나의 삶을 변화시켜 줄 수 있는 문장, 실천할 수 있는 내용들이 그 노트에 다 적혀 있어요. 나중에 보면 '이런 보물이 나에게 있었구나' 싶다니까요. 선생님은 책 속의 문장을 현실에서 따라 해 보는 것도 잊지 않는답니다. 필사는 나를 변화시키는 힘도 가지고 있거든요.

요즘엔 학교 수업 시간에도 노트 필기를 하지 않는 학생들이 많더라고요. 학기 초만 해도 노트 필기를 엄청 열심히 하는데, 학기 말이 되면 대부분 학교나 학원에서 주는 프린트물만 챙겨 다니며 수업 시간에 눈과 귀로만 수업에 임하는 학생들이 정말 많아요. 수업 시간에 들은 내용을 노트에 정리하는 걸 귀찮아하는 것 같아요.

그런데 노트 필기를 하지 않고 눈과 귀로만 수업을 들으면 나중에 기억나는 것이 별로 없어요. 독서도 마찬가지예요. 그냥 눈으로만 읽으면 나중엔 생각나는 게 없어요. 책을 읽고 필사하는 이유는 오래 기억하기 위해 외장하드에 담아 놓는 거라고 생각하면 돼요. 수업 시간에 노트 필기를 잘 해놓으면 복습하거나 시험공부할 때 큰 도움이 되잖아요. 그것과 같은 원리죠.

그리고 필사는 글쓰기 능력도 향상시켜 줘요. 좋은 문장을 베껴 쓰면서 자연스럽게 문장의 구조를 이해할 수 있게 되거든요. 글이 쓰이는 과정, 즉 글쓰기의 단계를 체화해서 이해하게 되고, 문장부호나 띄어쓰기, 맞춤법도 자연스럽게 알게 돼요. 이러한 작업이 수없이 반복되면 뇌와 몸은 좋은 문장의 형태와 구조, 패턴 등을 기억했다가 글을

쓸 때 그대로 재연할 수 있게 해 줘요.

글쓰기 능력은 벼락치기로 배운다고 익혀지는 게 아니거든요. 여러 번 베껴 쓰기를 하다 보면 쓰기 근육이 생겨요. 다채로운 표현 방법도 자연스럽게 익혀지고요.

필사 노트, 의외로 참 다양한 장점이 있지요? 만약 앞으로 기자나 작가, 평론가처럼 글 쓰는 직업을 갖고자 하는 학생이라면 필사 노트를 만들면 좋아요. 물론 글 쓰는 직업에 대한 꿈이 없어도 글쓰기 능력을 갖추면 많은 부분에서 유리합니다. 논술 대회에 나가거나, 수행평가를 하거나, 또는 대학생이 되어서 과제를 할 때나 유튜브 같은 콘텐츠의 콘티를 만들 때도 필요한 역량이니까요. 책을 읽으면서 글쓰기 능력까지 함께 키우는 필사 노트 쓰기는 어릴 때부터 시작할수록 좋으니까 얼른 시작하세요.

좋아하는 작가의 책을 골라서 필사해 보아요.

제목	
작가 이름	출판사
읽은 날짜	필사 날짜

토의와 토론을
잘하려면?

수업 시간에 주제를 정해 주고 토론하라고 하면 잘하는 학생이 있고, 우물쭈물하면 말을 잘 못하는 학생이 있어요. 어떤 학생은 '기본소득'에 대하여 토론할 때는 아무 말도 못하다가, '게임'을 주제로 토론하면 한 시간이 부족할 정도로 적극적으로 참여하기도 하고요. 왜 이런 차이가 생기는 걸까요? 같은 학생인데 말이에요.

토론을 하려면 배경지식이 있어야 할 말이 생각나고, 말할 때 자신감이 마구 뿜어져 나오거든요. 그 학생은 게임을 거의 매일 하다 보니 그것에 대해서는 배경지식이 풍부하니까 토론에 적극 참여할 수 있었던 거예요.

토의와 토론을 잘하려면 아는 게 많아야 해요. 그리고 제대로 알아야 하죠. 그래야 내가 하는 말에 설득력이 생기고, 적극적으로 자기 의견을 말할 수 있어요. 독서는 어떤 주제에 대해 깊이 있게 토론할 수 있는 배경지식을 얻게 해 줘요. 그래서 책을 읽고 그 책에 나온 내용만으로 한정해서 토론하면 그리 어렵지 않게 느껴져요. 책을 읽고 난 뒤에 느낀 점이나 인상 깊었던 구절을 말로 표현하면 되니까요. 저자가 책 속에 담아낸 생각을 참고해서 독자인 나의 생각과 비교해서 말하면 아주 좋아요. 단순하게 느낌이나 감상을 발표하는 것도 괜찮은 방법이에요. 굳이 지식을 뽐내려고 어려운 말을 쓰지 않아도 된답니다.

독서 토론은 매우 신기한 경험을 하게 해 줘요. 내가 읽은 내용을 깊이 생각하면서 이해하고, 그에 대해 느낀 것을 말하는 과정에서 또다시 책을 이해하게 되거든요. 읽기만 하고 끝내는 게 아니라, 말하면서 자신만의 방식으로 재해석하게 되는 거예요. 그리고 다른 사람들의 이야기를 들음으로써 사람마다 다른 깨달음과 생각을 가질 수 있다는 것도 알게 돼요. 이해의 폭이 넓어지는 거죠. 그리고 다른 사람에게 내가 몰랐던 지식도 얻을 수 있고요.

그래서 토론과 토의가 내 주장을 다른 사람에게 강요하는 형식으로 진행되는 것은 좋지 않아요. 토론하면서 새로운 깨달음이 없다면 아무 소용이 없거든요. 내가 얼마나 열린 마음으로 토론과 토의에 참여하고 있는지 스스로 의식하면서 참여해야 더 좋은 시간이 될 수 있답니다.

선생님은 학교에서 독서 논술반을 운영한 적이 있어요. 책을 읽고 독후감 쓰는 단계를 넘어서, 자기 생각을 글로 표현하고 친구들 앞에서 발표하는 단계까지 진행되는 활동을 했지요. 책이나 칼럼을 읽고, 그대로 활동지에 베껴 쓰고, 그 속에서 질문할 것을 찾아서 토의하는 방식이었어요. 선생님이 학생들과 했던 수업 방식을 알려 줄 테니 만약 기회가 된다면 몇몇 친한 친구들과 함께 동아리나 모둠을 만들어서 따라해 보세요.

1단계는 베껴 써요. 선정된 책이나 칼럼을 읽고서 토씨 하나 빠뜨리지 않고 그대로 따라서 옮겨 적어요. 책인 경우는 읽은 내용을 다 쓸 수 없으니 중요하다고 생각하는 부분을 1페이지 정도 노트에 적어요.

2단계는 베껴 쓴 노트를 다시 읽으면서 용어 이해 및 더 알고 싶은 것을 적어요. 책을 읽으면서 알고 있는 것, 모르는 것, 더 알고 싶은 것으로 칸을 나누어서 용어를 적고, 사전을 찾거나 인터넷으로 검색해 의미를 적어 둔 다음, 친구들 앞에서 이야기하는 거죠. 모르는 것이나 잘 알고 있는 것을 공유함으로써 친구들 간에 서로 몰랐던 것을 새롭게 알게 되는 효과가 있답니다. 이렇게 하면 어휘력도 늘고, 나중엔 문해력도 좋아지는 것을 경험하게 돼요.

3단계는 각자 질문을 10개씩 만들어요. 책 속에서 궁금한 것이나 친구들에게 묻고 싶은 질문을 써 보세요. 질문이 갑자기 떠오르지 않을 수도 있어요. 그럴 땐 질문을 만들면서 내용을 다시 한번 훑어보면 된답니다. 이 방법이 익숙해지면 처음 읽을 때부터 어떤 질문을 할 것

인지 생각하면서 읽게 돼요.

4단계는 질문에 대해 토론 및 토의해요. 10개의 질문 중에서 핵심 질문이라고 생각하거나 논의해 보고 싶었던 질문 3개를 골라요. 선정된 질문을 친구들과 돌아가면서 질문하고, 다른 친구들이 질문에 대답하는 형식으로 진행해요. 이때 질문에 대한 정답은 따로 정해 두지 않아요. 생각나는 대로 질문에 대한 대답을 하는 거예요. 참가자들끼리 서로의 질문과 답변을 존중하면서 자유로운 분위기에서 토의와 토론을 진행하는 거죠. 물론 정답이 이미 책 속에 나와 있는 질문들도 있을 거예요. 그땐 책 속에서 작가는 이렇게 말했다고 알려 주면서, 읽은 나는 이렇게 이해했다 하고 자기 의견을 덧붙이면 좋아요.

5단계는 개요를 작성해요. 5단계부터는 글을 쓰는 단계라고 생각하면 돼요. 3개의 질문 중에서 가장 핵심적인 질문 1개를 선택해요. 그리고 그 질문에 대한 자신의 생각을 뒷받침할 만한 근거 자료를 모아요. 자기 생각을 글로 표현하기 위한 준비 단계라고 생각하면 돼요.

6단계는 글쓰기를 해요. 5단계에서 찾아낸 근거들을 활용해서 자기 생각을 확장하는 글쓰기를 해 보는 거지요. '기-승-전-결'의 형식에 맞게 글을 작성해 보아요. 글을 쓸 때 정보가 더 필요하면 인터넷 검색을 할 수도 있고, 책을 더 살펴봐도 돼요. 4단계에서 친구들과 나눈 토의 내용을 참고해도 좋고요.

7단계는 글이 완성되면 친구들과 서로 나누어 읽고 피드백을 해 줘요. 피드백 과정은 친구의 글에 적힌 오류나 잘못을 지적하는 것이 목적이 아니라, 글을 쓴 친구에게 좀 더 정확한 정보를 제공해 주거나 생각할 기회를 제공해 주는 게 목적이에요. 그래서 피드백이 끝나면 원고를 최종적으로 수정해서 주제에 맞게 글을 완성하면 돼요.

선생님이 학생들과 책을 읽은 후 7단계로 활동해 보니 사고력이 확장되고, 다른 사람의 이야기를 존중하고 배려하는 경청의 자세도 배울 수 있었어요. 여러 사람이 함께 같은 내용을 읽고 베껴 쓰고 각자의 의견을 자유롭게 표현하는 독서를 익히다 보면, 책 한 권을 읽었을 뿐인데 여러 권을 읽은 효과를 누릴 수 있더라고요. 혼자 읽기보다 함께 읽기가 좋은 이유지요. 이처럼 독서는 혼자서 할 수도 있지만, 여럿이 함께해도 좋은 매우 재미있는 활동이랍니다.

질문 다음 글을 읽어 보고 AI(인공지능)가 가져올 진로 분야에서의 긍정적인 효과

와 부정적인 효과에 대한 나의 생각을 정리해 보아요.

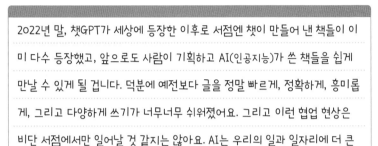

2022년 말, 챗GPT가 세상에 등장한 이후로 서점엔 챗이 만들어 낸 책들이 이

미 다수 등장했고, 앞으로도 사람이 기획하고 AI(인공지능)가 쓴 책들을 쉽게

만날 수 있게 될 겁니다. 덕분에 예전보다 글을 정말 빠르게, 정확하게, 흥미롭

게, 그리고 다양하게 쓰기가 너무너무 쉬워졌어요. 그리고 이런 협업 현상은

비단 서점에서만 일어날 것 같지는 않아요. AI는 우리의 일과 일자리에 더 큰

영향과 변화를 줄 것이 분명해 보입니다.

(출처: 《챗GPT로 만나는 내:일》, 김영광, 풀빛)

AI와 함께 일함으로써 기대되는 점은 뭔가요?

AI와 함께 일함으로써 염려되는 점은 뭔가요?

상상력과 창의력을 키우려면?

'해리포터' 시리즈를 읽어 본 적이 있나요? 선생님은 처음에 그 책을 읽고 작가의 놀라운 상상력에 감탄했어요. 친구들은 어떤 영화나 소설, 애니메이션을 보고 그런 생각을 했을까요? 여러분의 상상력을 자극한 작품이 무엇이었는지 꼭 물어보고 싶네요.

상상력은 새로운 아이디어를 만들고 이미 존재하는 정보를 재구성하는 능력이에요. 문제 해결, 창작, 예술 등 다양한 분야에서 중요하게 작용하지요. 새로운 제품이나 서비스, 기술을 개발하는 데도 역할을 하기 때문에 산업 발전에도 반드시 필요한 능력이랍니다.

창의력은 상상력을 기반으로 새롭고 유용하며 혁신적인 것을 실제로 만들어 내는 능력이라고 할 수 있어요. 다양한 아이디어를 구체화하고 실현 가능하도록 발전시키죠. 창의력은 사회를 발전시키는 역할을 하고, 새로운 관점과 방식으로 변화를 주도하며, 새로운 해결책과 제품을 만드는 데 활용돼요.

즉 상상력과 창의력은 나와 사회를 발전시키는 데 매우 큰 역할을 합니다. 그래서 각 대학과 기업들은 상상력과 창의력을 가진 사람을 우선 선발하려고 하죠.

상상력과 창의력을 키우는 데 독서가 매우 도움이 된다는 걸 아나요? 작가 버지니아 울프는 "나는 책을 읽을 때 등장인물에 완전히 감정이입하곤 했다. 때로는 나 자신을 잊고 그들의 세계 속으로 빠져들 때도 있었다"라고 말했어요. 독서하다 보면 내가 가진 감각들을 이용해 머릿속에 이미지로 만들어 내며 상상력과 창의력을 키우는 연습을 자연스럽게 하게 됩니다. 묘사와 은유가 가득한 소설이나 시 같은 문학작품을 읽을 때뿐만 아니라 예술, 역사와 관련한 책을 읽을 때도, 자기관리나 자기계발 관련 책을 읽을 때도 머릿속에 이미지를 떠올리면서 읽어 보세요.

요즘 청소년들이 나중에 사회인이 되었을 때 많은 직업을 AI에게 빼앗길까 봐 걱정하는데요, 안 그래도 돼요. 인간의 고유 능력인 상상력과 창의력이 AI에겐 없어요. 인간이 학습시킨 것들을 바탕으로 책을 쓰기도 하고, 음악을 만들기도 하지만 이 모든 것이 스스로 창의력을 발휘한 건 아니거든요. 기존에 이미 있었던 것들을 바탕으로 창작했을 뿐이에요.

앞으로 경쟁력을 키우려면, 그리고 AI와 함께 살아갈 세상에서 더욱 필요한 능력인 상상력과 창의력을 키우려면 독서가 꼭 필요해요. 독서하는 동안 머릿속에서는 많은 활동들이 동시에 진행돼요. 기존에 경험했던 것들은 오래전 기억 속에서 불러오기도 하고요, 경험한 적 없고 본 적 없던 것들은 상상해서 떠올리게 되고요, 처음부터 끝까지 내용을 이미 알고 있는 작가와 두뇌싸움도 하게 되지요. 이 모든 것들이 동시에 진행되다 보니 뇌는 본인이 할 수 있는 최대 역량을 발휘해요. 독서라는 과정이 참으로 멋지죠?

책을 읽은 후엔 마인드맵으로 정리해 보면 좋아요. 마인드맵은 좌뇌와 우뇌를 동시에 사용해서 생각의 지도를 만들어 가는 과정이라고도 할 수 있는데요, 마인드맵을 그리다 보면 그동안 알고 있던 지식과 새로 읽어서 얻은 다양한 정보들이 유기적으로 연결되어서 생각을 발전시켜 준답니다. 단순한 암기가 아니라 정보를 수집, 정리하는 과정에서 원리나 개념의 이해는 물론, 문제 해결 능력도 좋아져요. 마인드맵은 생각을 자유롭게 기록하고 연결함으로써 새로운 관점을 발견할 수도 있게 해 줘요. 그래서 단순히 한 가지 색깔의 펜으로 정리하기보다는 다양한 색상과 아이콘을 활용해서 아이디어를 시각화하면 더욱 효과적이에요.

마인드맵을 만들 때 책을 한 권만 읽고서 해 보는 방법도 있지만, 서로 다른 분야의 책을 한 권 더 읽고서 마인드맵을 확장시키는 것도 좋아요. 각 책마다 마인드맵을 만든 후에 서로 연결해서 더 큰 마인드맵으로 만들어 보면, 엄청 큰 생각 나무와 줄기가 만들어지는 걸 경험할 수도 있어요.

창의성이나 상상력을 필요로 하는 직업을 꿈꾸고 준비하는 학생들에게 적극 추천하고 싶은 독서 방법이니까 꼭 따라해 보세요.

제목	지은이

도전하는 마음과
꿈이 생기려면?

요즘은 끼가 넘치는 학생들이 참 많은 것 같아요. 노래를 잘하는 친구, 말을 재미있게 잘하는 친구, 춤을 잘 추는 친구, 운동을 잘하는 친구들이 많더라고요. 남 앞에 나서길 좋아하는 친구들도 많고요.

물론 원래 성격이 조용하거나, 남 앞에 서길 싫어하고 어려워하는 친구들도 여전히 있습니다. 선생님도 예전엔 남들 앞에 서는 것에 대해 두려움이 컸어요. 친한 친구들 앞에서는 안 그러는데, 모르는 사람 앞에서는 주눅 들곤 해서 가끔은 손해 보는 일도 있었지요. 십대 땐 "어떻게 해야 내 생각을 여러 사람 앞에서 자유롭게 말할 수 있을까?"가 정말 고민이었어요. 스피치 학원을 다녀 볼까도 생각했고, 화법에 대한 책도 많이 살펴봤지요. 말하기 기술을 배워 보려고 참 많이 노력했던 것 같아요. 그런데 잘 되지가 않더라고요.

그런데 지금은 오랜만에 중고등학교 때 친했던 동창들을 만나면 "어떻게 이렇게 변했냐?"는 말을 많이 들어요. 정말 학창 시절에는 존재감 없고 말수도 적은 학생이었는데, 지금은 당당하게 다른 사람들 앞에서 하고 싶은 말을 잘하거든요.

선생님이 지금처럼 나의 생각을 자유롭게 표현할 수 있게 된 건 독서 덕분이었어요. 매일 책을 꾸준하게 읽으면서 머릿속에 생각이 정리가 됐고, 그러니까 말로 표현하는 것도 자연스러워지더라고요. 말하는 기술이 먼저가 아니라, 무슨 말을 할 것인지를 머릿속에 정리하는 게 먼저였던 거예요. 그래서 선생님은 나를 성장하게 해 주고, 변화시켜 준 것이 '꾸준한 독서' 덕분이라고 자신 있게 말할 수 있어요.

책을 읽으면서 선생님은 도전하는 마음도 생겨났어요. 책을 읽다 보니 성장하는 경험을 하게 되고, 좋은 습관도 생기고, 하루하루 행복한 마음이 드니까 성인이 되고 나서도 이루고 싶은 목표가 생기더라고요. 그래서 선생님이 세운 첫 번째 목표는 꾸준히 아침마다 책을 읽고 기록을 남기는 거였는데요, 지금까지도 잘하고 있어요. 두 번째 목표는 꾸준히 책을 출간하는 거예요. 처음엔 내가 쓴 책이 단 한 권만 있으면 좋겠다고 생각했었는데, 이젠 꿈이 좀 더 확장되었어요. 꾸준히 읽고 꾸준히 책을 쓰는 선생님이 되고 싶어졌어요.

어른들이 학창 시절에 다양한 경험을 해 보라고, 도전하라고 많이들 말씀하시죠? 오감을 통해 세상을 느낄 기회를 갖는 건 매우 중요해요. 하지만 현실적으로 어려운 것도 사실이에요. 해외여행도 하고 싶고, 유학도 가고 싶고, 새로운 것도 배우고 싶지만 경제적으로나 시간적으로 여유가 없으면 할 수 없는 거니까요. 그런데 세상을 알아가는 가성비가 좋은 저렴한 방법이 있어요. 바로, 독서예요.

간접경험은 언어나 문자 등을 매개로 하는 경험을 말해요. 실제로 경험하는 직접 경험이 학습 경험의 기초가 되지만, 모든 학습을 직접 경험에만 의존할 수는 없거든요. 가령, 문화와 역사는 간접 경험을 통해서만 이해될 수 있는 거잖아요. 그것처럼 책을 읽으면서 얻어지는 간접경험들은 직접 경험만큼이나 도움이 되고, 크게 비용이 들지 않으니 엄청나게 이익인 거죠.

독서는 많은 정보를 줄 뿐 아니라, 지식도 전달해 주고, 다른 사람들은 무엇을 생각하고 어떻게 살아가는지도 알게 해 줘요. 학교에서 배웠던 지식을 더 확장해서 배울 수도 있고, 새로운 기술을 익히고 싶다면 독학할 수 있게끔 쉽게 설명한 책들도 많아요. 물론 요즘은 인터넷을 통해서 다양한 정보를 얻기도 하지만, 일일이 자료를 찾으려면 검색해야 하고, 또 그것이 정확한 정보인지 확인하는 데 꽤 많은 시간이 들어요. 정보가 너무 많다 보니 정말 나에게 필요한 수준의 자료가 무엇인지 일일이 고르는 것도, 그리고 그 정보들을 모아 저장해 두는 것도 쉽지 않지요.

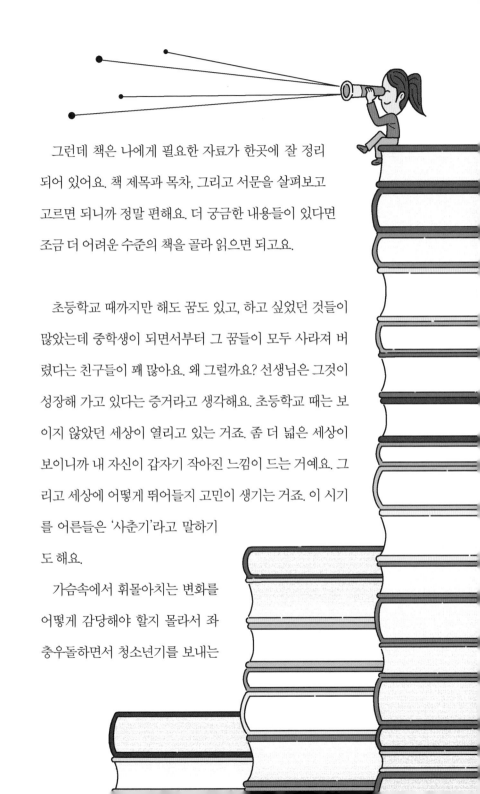

　그런데 책은 나에게 필요한 자료가 한곳에 잘 정리
되어 있어요. 책 제목과 목차, 그리고 서문을 살펴보고
고르면 되니까 정말 편해요. 더 궁금한 내용들이 있다면
조금 더 어려운 수준의 책을 골라 읽으면 되고요.

　초등학교 때까지만 해도 꿈도 있고, 하고 싶었던 것들이
많았는데 중학생이 되면서부터 그 꿈들이 모두 사라져 버
렸다는 친구들이 꽤 많아요. 왜 그럴까요? 선생님은 그것이
성장해 가고 있다는 증거라고 생각해요. 초등학교 때는 보
이지 않았던 세상이 열리고 있는 거죠. 좀 더 넓은 세상이
보이니까 내 자신이 갑자기 작아진 느낌이 드는 거예요. 그
리고 세상에 어떻게 뛰어들지 고민이 생기는 거죠. 이 시기
를 어른들은 '사춘기'라고 말하기
도 해요.
　가슴속에서 휘몰아치는 변화를
어떻게 감당해야 할지 몰라서 좌
충우돌하면서 청소년기를 보내는

친구들이 많을 거예요. 청소년 시기에 자신에게 딱 맞는 책 한 권을 마음속에 담아 두면 평생 써먹을 수 있는 보물 상자 하나를 갖고 있는 것과 같아요.

다양한 책을 가까이 두세요. 그러면 두렵게만 느껴졌던 세상 앞에 당당해지고, 미래에 대한 계획을 세울 수도 있게 돼요. 독서를 통해 나라는 존재, 그리고 나를 둘러싼 사람들과 세상으로 관심의 영역이 점차 확장되고 깊어지는 중학생 여러분이 되길 응원하겠습니다. 우리 함께 읽어요!

질문 가장 재미있게 읽었던 책을 3권 골라 적어 보아요.

재미있게 읽은 책 제목	선택한 이유

질문 앞으로 꼭 읽어 보고 싶은 책을 3권 골라 적어 보아요.

읽고 싶은 책 제목	선택한 이유

"왜 읽어야 하는지 알겠어요"라고 말하는 아이들

매 학기마다 기말고사가 끝나면 방학 전까진 진로 수업 시간에 책 읽는 시간을 가져요. 30분 독서 시간 동안 어떤 학생은 한 권을 몰입해서 읽고, 또 어떤 학생은 조금 읽다가 다른 책으로 바꿔 읽어요. 아이들마다 책을 읽는 방법과 집중하는 시간이 모두 다르지만, 중요한 것은 학기 초에 책 읽기를 싫어했던 학생들도 집중해서 읽는다는 거죠. '어떻게 이런 변화가 생겼을까?' 생각해 보니 책이 어느 날부터 갑자기 재미있어진 게 아니라, 책에 대한 태도가 달라진 거더라고요.

수업 시간에 학생들에게 항상 강조하거든요. 교과서를 읽든, 소설책을 읽든 몰입해서 읽으라고요. 꾸준히 훈련하다 보니 이제는 정해진 수업 시간 안에 책을 읽고 15분 정도 활동지 기록까지 모두 해 내요. 책 속에서 감명 깊게 읽은 문장도 찾아 두었다가 왜 감동적이었는지 자신 있게 표현도 하고요.

《공부 잘하는 중학생은 이렇게 읽습니다》를 읽고 나면 앞으로 나에게 맞는 독서법을 찾을 수 있을 거예요. 감정에 대한 이해도 깊어지고, 자신의 성향을 제대로 파악할 수도 있을 테고요. 독서는 창조의 과정이고 흥미로운 탐험이에요. 잃어버린 진로 방향을 다시 찾을 수도 있고, 넘기 어려운 장벽을 만나도 극복하면서 새로운 깨달음을 얻게 되죠.

"읽고, 쓰고, 생각하고, 실천하라." 선생님이 강조하는 표어예요. 중학생들에겐 책을 읽는 과정이 지혜를 넓히는 과정이기도 하지만, 진로를 탐색할 수 있는 기회이기도 해요. 이 책의 목차대로 활동하면서 읽는다면 자연스레 책과 친해질 거예요.

일상적으로 밥 먹고 등교하듯이, 일정 시간을 정해서 책을 읽어 봐요. 스스로 공부하고 이해하는 학습 능력도 향상되고, 계획대로 실천하는 습관도 생겨날 거예요. 스마트폰 속의 영상이 더 재미있다고요? 아니오, 책에 빠져 보면 더 큰 재미를 찾을 수 있을 거예요. 위로도 받을 수 있고, 도전의식도 생기고, 잘하고 싶어지는 꿈도 생겨나요.

  공부와 독서는 닮은 점도 많지만 분명히 다른 거예요. 독서를 공부라고 인식하는 순간 하기 싫어진답니다. 우리 뇌는 매우 민감하거든요. '어렵고 싫어!' 하는 순간 쳐다보고 싶지도 않게 돼요. 그런데 우리 뇌는 또 너무도 착실해서 주인 말을 잘 들어요. 생각을 바꾸면 곧바로 태도가 바뀌거든요. '독서는 공부가 아니다' '책 속으로 재미있는 탐험을 시작한다'라고 생각하면 뇌가 책 읽을 준비를 해 줄 거예요. 그때부터 몰입하는 즐거움을 경험할 수 있답니다.

  이 책을 쓰는 동안 힘들고 즐거웠어요. 중학생인 여러분과 중학생을 가르치시는 선생님, 그리고 학부모님들에게 어떻게 도움이 될 수 있을까 정말 많이 고민했거든요. 그러다 이런 생각이 들었어요. '맛있

는 걸 사랑하는 사람과 함께 먹고 싶은 마음으로 이 책을 쓰자!'

이 책을 통해 진로 목표를 계획하고 실천하는 힘이 여러분에게 생겼으면 좋겠어요. 책은 인생이라는 험한 바다를 항해하는 데 도움이 되도록 많은 사람이 마련해 준 성능 좋은 나침반이에요. 수많은 사람들의 인생 스토리가 담긴 곳이기도 하고요.

책으로 여러분들의 삶을 디자인하세요. 책을 한 페이지, 한 페이지 넘기면서 가장 나답게 꿈을 그려 나가길 응원합니다.

진로진학 상담교사

김원배

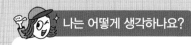

나는 어떻게 생각하나요?

질문 나는 왜 책을 읽는지 생각을 정리해 적어 보아요.

● 내가 책을 읽는 이유는…

☆ 진로쌤이 추천하는 학생부 필독서 목록 100

연번	도서명	저자명	출판사	출판일	
1	경제수학, 위기의 편의점을 살려라!	김나영	생각학교	2024	과
2	동물들의 위대한 법정	장 뤽 포르케	서해문집	2022	학
3	생태시민을 위한 동물지리와 환경 이야기	한준호 외	롤러코스터	2024	
4	세포부터 나일까? 언제부터 나일까?	이고은	창비	2023	
5	양자역학 쫌 아는 10대	고재현	풀빛	2023	
6	제인 구달	윤해윤	나무처럼	2023	
7	탐정이 된 과학자들	마릴리 피터스	다른	2021	
8	환경과 생태 쫌 아는 10대	최원형	풀빛	2019	
9	가짜 모범생 2	손현주	특별한서재	2024	문
10	고요한 우연	김수빈	문학동네	2023	학
11	구미호 식당	박현숙	특별한서재	2018	
12	긴긴밤	루리	문학동네	2021	
13	까칠한 재석이가 소리쳤다	고정욱	애플북스	2023	
14	너에게 남은 시간 죽음의 디데이	이혜린	풀빛	2024	
15	독고솜에게 반하면	허진희	문학동네	2020	
16	반음	채기성	창비	2022	
17	세계를 건너 너에게로 갈게	이꽃님	문학동네	2018	
18	소금 아이	이희영	돌베개	2023	
19	숨결이 바람 될 때	폴 칼라니티	흐름출판	2016	
20	시간을 파는 상점 3	김선영	자음과모음	2023	
21	식스팩	이재문	자음과모음	2020	
22	아몬드(청소년판)	손원평	다즐링	2023	
23	알로하, 나의 엄마들	이금이	창비	2020	
24	여름의 귤을 좋아하세요	이희영	창비	2023	
25	오, 사랑	조우리	사계절	2020	
26	오백 년째 열다섯	김혜정	위즈덤하우스	2022	

연번	도서명	저자명	출판사	출판일	
27	위저드 베이커리	구병모	창비	2022	
28	체리새우: 비밀글입니다	황영미	문학동네	2019	
29	최애, 타오르다	우사미 린	미디어창비	2021	
30	클로버	나혜림	창비	2022	
31	페퍼민트	백온유	창비	2022	
32	10대라면 반드시 알아야 할 4차 산업혁명과 인공지능	신성권, 서대호	팬덤북스	2022	사회
33	10대를 위한 머니 레슨	샘 베크베신저	현대지성	2023	
34	10대를 위한 워런 버핏 경제 수업	안석훈 외	넥스트씨	2023	
35	10대를 위한 총균쇠 수업	김정진	넥스트씨	2023	
36	SNS와 스마트폰 중독 어떻게 해결할까?	김대경 외	동아엠앤비	2023	
37	가뿐하게 아니라고 말하는 법	바바라 베르크한	흐름출판	2023	
38	공정함 쫌 아는 10대	하승우	풀빛	2022	
39	시장과 가격 쫌 아는 10대	석혜원	풀빛	2019	
40	언론 쫌 아는 10대	정민지	풀빛	2023	
41	챗GPT로 만나는 내:일	김영광	풀빛	2023	
42	학생주도성 K-게임형 대립토론 모델	박보영	오래	2024	
43	나에게 나다움을 주기로 했다	고정욱	리듬문고	2020	심리
44	내 마음은 존버 중입니다	웰시	풀빛	2023	
45	단단한 자존감을 갖고 싶은 10대에게	김원배	애플북스	2022	
46	불안 쫌 아는 10대	이재환	풀빛	2023	
47	이제는 나부터 챙기기로 했다	노윤호	풀빛	2023	
48	단단한 고고학	김상태	사계절	2023	역사
49	레스토랑의 세계사	케이티 로손 외	커넥팅	2023	
50	몸으로 읽는 세계사	캐스린 페트라스 외	다산초당	2023	
51	조선 왕들은 왜?	박영규	옥당북스	2023	
52	기다렸어, 이런 음악 수업	조현영	다른	2022	예술
53	꼬리에 꼬리를 무는 서양 미술사	이연식	주니어태학	2022	
54	나를 완성하는 미술관	공주형	탐	2013	
55	미술관 옆 사회교실	김순영 외	살림Friends	2023	

연번	도서명	저자명	출판사	출판일	
56	미술관에 가고 싶어지는 미술책	김영숙	휴머니스트	2021	
57	미술관을 빌려드립니다: 프랑스편	이창용	더블북	2022	
58	고전의 숲	김태완	포레스트북스	2023	인문
59	길 위의 인문학	김정남	스마트북스	2022	
60	동양고전 철학자들, 셜록 홈즈가 되다	박기복	행복한 나무	2016	
61	동화가 있는 철학 서재	이일야	담앤북스	2019	
62	숫자는 어떻게 인류를 변화시켰을까?	칼렙 에버레트	동아엠앤비	2021	
63	열다섯 글로벌 경제학교	권오상	데이스타	2024	
64	AI, 질문이 직업이 되는 세상	최서연, 전상훈	미디어숲	2024	자기계발
65	선물	스펜서 존슨	알에이치코리아	2020	
66	소년들, 부자가 되다	고정욱	동아엠앤비	2023	
67	엘론 머스크, 미래를 내 손으로 만들어	권오상	탐	2015	
68	10대를 위한 그릿	매슈 사이드	다산에듀	2019	진로
69	10대를 위한 완벽한 진로 공부법	앤디 림, 윤규훈	체인지업	2020	
70	10대를 위한 진로 인문학	정형권	성안당	2021	
71	게으른 십대를 위한 작은 습관의 힘	장근영	메이트북스	2021	
72	뭐가 되고 싶냐는 어른들이 질문에 대답하는 법	알랭 드 보통	미래앤아이세움	2021	
73	사춘기를 위한 진로 수업	권희린	생각학교	2024	
74	이제는 대학이 아니라 직업이다: 진로독서워크북	손영배	생각비행	2023	
75	하고 싶은 것이 뭔지 모르는 10대에게	김원배	애플북스	2021	
76	도덕을 위한 철학통조림: 달콤한 맛	김용규	주니어김영사	2016	철학
77	소크라테스는 왜 우리 집 벨을 눌렀을까?	김경윤	우리학교	2019	
78	장자, 아파트 경비원이 되다	김경윤	사계절	2017	
79	진짜 어른이 되기 위한 청소년 논어	판덩	미디어숲	2024	
80	철학의 숲	브렌던 오더너휴	포레스트북스	2020	
81	철학이 내 손을 잡을 때	김수영	우리학교	2023	
82	철학자는 왜 거꾸로 생각할까?	요술피리	빈빈책방	2019	
83	NEW! 중학생 공부법의 모든 것	백은정	꿈결	2023	학습
84	고전 일기 독서법	임성훈	리드리드출판	2020	

연번	도서명	저자명	출판사	출판일	
85	공부가 설레는 순간	조승우	포레스트북스	2024	
86	공부의 쓸모	송용섭	다산에듀	2021	
87	단 한 권을 읽어도 제대로 남는 메모 독서법	신정철	위즈덤하우스	2019	
88	박철범의 하루 공부법	박철범	다산에듀	2022	
89	사춘기를 위한 문해력 수업	권희린	생각학교	2022	
90	세상에서 수학이 사라진다면	매트 파커	다산사이언스	2023	
91	스스로 뒤집는 붕어빵	김지명	메가스터디북스	2021	
92	슬기로운 중학 공부법	이해웅	타임북스	2021	
93	신화 속 수학 이야기	이광연	경문사	2022	
94	왜 독서와 토론이 최고의 공부인가	조미상	더메이커	2022	
95	이토록 공부가 재미있어지는 순간	박성혁	다산북스	2023	
96	중학교부터 시작하는 최상위 1% 수학프로젝트	사카마 치아키	동아엠앤비	2023	
97	중학생 공부법의 모든 것	백정은	꿈결	2023	
98	페르마의 마지막 정리	사이먼 싱	영림카디널	2022	
99	달력으로 배우는 지구환경 수업	최원형	블랙피쉬	2021	환
100	환경에도 정의가 필요해	장성익	풀빛	2020	경

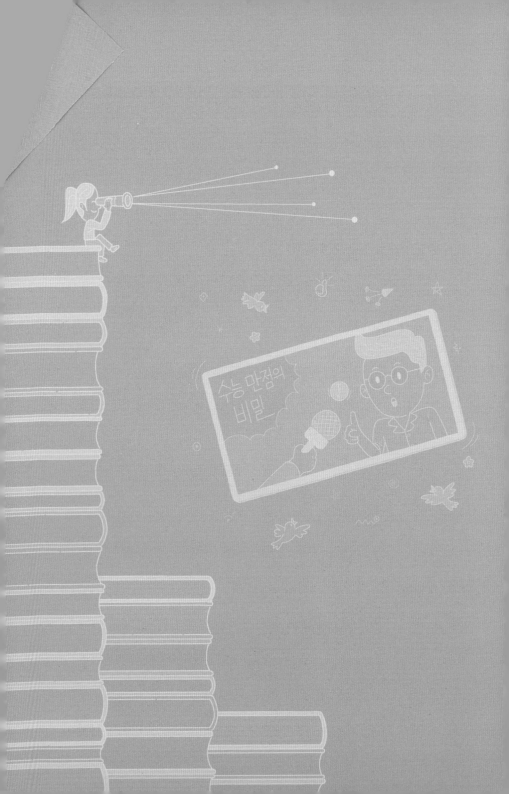